Mener un entretien annuel

Révélez vos talents de manager !

Éditions d'Organisation
Groupe Eyrolles
61, bd Saint-Germain
75240 Paris cedex 05

www.editions-organisation.com
www.editions-eyrolles.com

Dans la même collection :

Fabrice Piroux, *Managers, devenez votre propre coach*

Collection « Les comportements du manager », dirigée par l'IFAS

Tout le monde en convient : le succès d'un manager se mesure à l'effet qu'il produit sur les autres. Donner envie, faire changer, accompagner, influencer… la liste de ce qu'on attend de lui est longue. Pour avoir cet effet sur les autres, c'est d'abord sur lui-même que le manager doit agir. **Ses propres comportements sont son outil de travail.** Pragmatique, sans être simpliste ou caricaturale, cette collection offre à tous les managers la possibilité de faire évoluer leurs comportements au quotidien.

© Groupe Eyrolles, 2008
ISBN : 978-2-212-54133-5

Stéphanie Feliculis

Mener un entretien annuel

Révélez vos talents de manager !

Sous la direction de Laurence Saunder et d'Éric Albert

EYROLLES

Éditions d'Organisation

Sommaire

II
Guide pratique sur
les sept compétences clés du manager

Annexes et fiches techniques

Introduction

Pourquoi écrire sur le thème de l'entretien annuel ?

Quand j'ai commencé ma carrière professionnelle il y a vingt ans, j'ai bénéficié d'un entretien de bilan à l'issue de ma première année dans le poste, puis de la suivante, etc. Ce fut une occasion de faire le point sur l'année écoulée, d'apprendre des choses sur mon entreprise, sur ses us et coutumes, sur ce qu'elle attendait de moi et sur comment elle évaluait mes réalisations face à ses attentes. De plus, cette manière de procéder avec moi différait avec les autres moments d'apprentissage qui étaient plus collectifs. Ce temps était individualisé, adressé rien qu'à moi, adapté à mes particularités. Cet entretien annuel m'offrait la possibilité de réagir, de formuler mes envies, de montrer mes doutes, mes incompréhensions, mes désaccords et de les traiter sereinement. Ce n'est que plus tard, quand j'ai commencé mon métier actuel de consultante en management, que j'ai réalisé la chance dont j'avais disposé alors. J'avais pu vivre comme allant de soi un processus global de management. Or, je découvrais que ces façons de procéder étaient beaucoup moins « évidentes » et généralisées chez mes clients, même dans les grands groupes. Voire que ce procédé générait des craintes, des *a priori* négatifs parfois importants, même chez des managers.

J'accompagne à l'IFAS, depuis huit ans, des chefs d'entreprise, des managers dans le développement de leurs capacités comportementales à manager, tant en formation qu'en coaching. Ce livre est le fruit de notre expérience collective. Il se donne pour objectifs de :

- faire réfléchir les lecteurs sur leurs manières de pratiquer et de vivre cet exercice de l'entretien annuel, souvent utilisé et qui n'est pas toujours optimisé dans son efficacité, ni compris dans toute sa complexité ;

- offrir un *vade-mecum* pour mieux comprendre ce qui peut bloquer dans cet exercice et, partant, présenter des techniques pour dépasser les obstacles ;

- permettre aux lecteurs de travailler les facettes comportementales les plus délicates de cet entretien ou celles qu'ils ne maîtrisent pas assez, en « auto-coaching ».

Au global, j'aimerais que ce livre rende la pratique de l'entretien annuel plus « naturelle » à ses lecteurs, parce que mieux maîtrisée. Je souhaite qu'il vous serve à mieux en maîtriser certains aspects, pas toujours simples à mettre en œuvre, même si le sens et l'intérêt de l'exercice sont faciles à comprendre et à accepter. J'espère qu'il pourra vous aider à mieux ressentir tout le plaisir qu'un manager peut avoir lorsqu'il maîtrise un outil d'aide à la croissance de ses collaborateurs.

Une enquête du *Journal du Net* de novembre 2005 mérite d'être citée dans ces propos introductifs : 794 managés et 258 managers furent interrogés sur le sujet de l'entretien annuel. De ces témoignages ressort une surprise : deux tiers des collaborateurs trouvent l'entretien annuel utile quand un manager sur deux en est déçu, en raison de la façon dont c'est pratiqué. On aurait pu imaginer des scores différents : des collaborateurs plutôt sceptiques et des managers plutôt en accord avec cette pratique managériale phare et globalement satisfaits d'elle. Même si l'on peut penser qu'un certain nombre de ces réponses spontanées sont biaisées, ce décalage entre les attentes des uns et des autres va dans le sens de notre expérience. Il nous amène au centre de notre propos.

Nous pouvons tous comprendre intellectuellement l'intérêt de l'entretien annuel pour les deux parties, voire y avoir été bien formés, et pourtant buter sur des obstacles. Par conséquent, cela nous éloigne peu à peu de l'intérêt de l'entretien annuel ou cela nous fait l'utiliser *a minima*, voire avec une inefficacité totale. Notre propos sera ici de montrer que l'on se confronte à des embûches comportementales que l'on peut dépister et démonter avec un minimum de conscience et de persévérance. Nous centrerons donc notre apport sur ce qui est notre cœur de métier : le comportement humain, comment on pense, comment on sent les choses et comment on agit.

Volontairement, nous laisserons ici de côté un pan important de ce sujet, à savoir la question de l'organisation et de la cohérence entre les buts de l'entretien annuel et les autres modes de management pratiqués. En effet, il n'est pas rare que cette pratique perde de sa substance quand l'organisation présente une contradiction entre les buts officiels assignés à l'entretien et ce qui est valorisé dans les pratiques réelles. Ce thème serait intéressant à mettre en regard avec ce qui va suivre, mais devra faire l'objet d'un autre ouvrage.

Pour qui écrire ce livre ?

On pourrait prétendre qu'à l'évidence cet ouvrage s'adresse aux managers en poste, utilisant cette pratique ou voulant la développer, mais cela serait restrictif. En effet, aujourd'hui, tout un chacun peut être animé d'un souhait légitime de mieux comprendre le monde qui l'entoure et ce qui s'y joue. Toute personne participant à des entretiens annuels et cherchant à comprendre comment ça marche de l'intérieur, plutôt du côté collaborateur, donc, pourra profiter de cette lecture. Si un salarié apprécie cette séquence d'échange avec son responsable, il pourra mieux en comprendre les ressorts. Et s'il en est insatisfait, il pourra, pourquoi pas, s'appuyer sur cette lecture, pour inviter son chef à s'améliorer ! De même, si ce livre ne se donne pas comme objectif de convaincre les managers sceptiques, il peut les inciter à réfléchir sur cet incontournable du management et, pourquoi pas, à vivre moins mal cet exercice imposé, en le voyant légèrement autrement... Ce livre s'adresse aussi à tous les chefs d'entreprise ou gestionnaires d'équipe « non pratiquants » qui veulent mieux comprendre ce qu'on peut tirer d'un tel dispositif et comment (et cela tant dans le secteur privé que public). De même, il peut aider les DRH dans l'encadrement des dispositifs d'entretien annuel.

Plus généralement, il vise à vous aider à vous questionner sur la façon dont vous investissez et gérez vos relations professionnelles :

• Comment concevez-vous le rôle d'un manager ?

• Quelle vision avez-vous du travail avec vos collaborateurs ?

• Comment gérez-vous les différences entre vous et ceux qui vous entourent ?

Un parti pris de valeur ajoutée

De très bons ouvrages existent sur l'entretien annuel. Quand j'ai débuté comme consultante, j'ai lu par exemple avec plaisir et intérêt celui de Jacques Piveteau, notre confrère de l'Insep[1], pertinent et concret et de présentation très vivante. J'ai pu, sur un axe de réflexion connexe à notre sujet, me questionner sur la délicate question de l'évaluation des compétences avec l'ouvrage de Lévy-Leboyer[2]. En bref, la littérature est déjà fournie en trucs et astuces pour préparer et mener ce type d'entretiens. Notre but ici n'est donc pas de redire ce qui a déjà été formulé sur le cadre, les outils et les bonnes pratiques de l'entretien annuel. Il n'est pas non plus de dresser un inventaire des modalités pratiques d'utilisation de l'entretien annuel dans les grandes et petites entreprises, même si l'idée est pertinente à titre d'échange de pratiques.

---

1. Jacques Piveteau, *L'entretien d'appréciation du personnel*, Insep Éditions, 1985.
2. Claude Lévy-Leboyer, *Évaluation du personnel : quelles méthodes choisir ?* Éditions d'Organisation, 1990.

Notre ouvrage sera ciblé sur ce que nous connaissons et pratiquons au quotidien avec nos clients, à savoir sur les comportements d'un manager réel en situation concrète d'entretien annuel face à des collaborateurs « réels ». Nous n'évoquerons donc pas un manager idéal, modèle de perfection, auquel il serait difficile de s'identifier et qui pourrait provoquer le rejet ou la raillerie. Au contraire, nous parlerons bien des hommes et des femmes que nous fréquentons ou pourrions rencontrer et qui peuvent vouloir améliorer leurs façons de mener les entretiens annuels.

Nous parlerons donc des comportements. Ils sont en effet au cœur du management des hommes. Pourtant, aux questions comme : « Qu'est-ce qui fait qu'un entretien marche bien ? Pourquoi ai-je une mauvaise relation avec tel collaborateur ? Pourquoi je n'aime pas faire les entretiens annuels, alors que j'aime manager ? », il n'est pas simple de répondre. Car si les comportements sont partout, comme la prose de M. Jourdain, les définir et apprendre à travailler avec n'est pas si simple. Nous évoquerons donc ici les comportements de façon simple et accessible.

Les critiques justifiées qu'on pourra nous faire

Nous avons conscience que l'exercice de rédaction, auquel nous allons nous livrer est périlleux. En effet, l'approche comportementale et cognitive qui fonde nos propos s'avère peu connue et contestée en France, alors qu'elle est totalement intégrée dans le monde anglo-saxon. Elle peut prêter le flanc à deux critiques principales, totalement fondées à notre sens.

D'une part, la simplification exagérée du réel : il est vrai que je vais tenir des propos simplifiant le réel, dans deux buts. Tout d'abord, celui de réaliser une démonstration pédagogique et, ensuite, celui de présenter simplement des données sur les comportements. Évidemment, il est difficile de rendre compte ici de la complexité des interactions humaines. Mais la clarté de présentation n'exclut pas la profondeur. En outre, l'approche comportementale que l'on va trouver ici est transposable à toutes les situations professionnelles. Elle est donc peut-être simple, mais utilisable de façon extensive. Vous rendre plus conscient, plus créatif et plus autonome dans la gestion de votre management des entretiens annuels, tel est l'enjeu que nous nous fixons en effet. Nous sommes prêt dans ce but à paraître simple, voire simpliste, pour des raisons de clarté et d'efficacité des messages.

D'autre part, l'usage abusif par l'organisation : la critique sur l'utilisation dévoyée qui peut être faite de l'approche comportementale individuelle par une organisation m'apparaît plus sérieuse. Par exemple, on pourrait imaginer une entreprise formant ses managers à l'entretien annuel et leur imputant ensuite la responsabilité du défaut de fonctionnement du dispositif des entretiens annuels, alors que l'origine en serait ailleurs, dans d'éventuelles incohérences ou paradoxes de l'organisation, de la stratégie ou des deux. Nous savons qu'en aidant les managers à travailler sur le versant individuel, nous pouvons servir à occulter le côté collectif[1]. Toutefois, l'existence de ce risque ne suffit pas à nous dissuader d'aider, à titre individuel, les managers. Nous estimons qu'ils peuvent légitimement souhaiter améliorer leurs pratiques en la matière, nonobstant le fait qu'il faille aussi savoir interpeller les organisations, par d'autres voies, sur l'existence de paradoxes et sur leurs responsabilités sociales.

Quelles sont les idées clés de l'ouvrage ?

Nous prenons le parti de nous centrer uniquement sur les comportements des managers dans l'entretien annuel. On l'a vu, le propos est de vous aider à réfléchir et à travailler sur les aptitudes comportementales mobilisées dans cette pratique de management.

---

1. On peut lire ou relire à ce sujet l'ouvrage de Vincent de Gaulejac, Max Pagès, Michel Bonetti et Daniel Descendre, *L'emprise de l'organisation*, PUF, 1979, livre qui n'a pas pris une ride en bientôt trente ans.

Nous nous intéresserons aussi aux fondements théoriques de ces comportements. Nous livrerons aussi quelques clés de cette communication particulière qu'est l'entretien annuel.

Voici les idées sur lesquelles se fonde notre propos.

Il ne suffit pas de savoir quelles sont les méthodes de l'entretien annuel pour le pratiquer et l'utiliser au mieux, car des obstacles existent en chacun de nous (côté manager et côté collaborateur), que l'on peut apprendre à lever.

Par ailleurs, nous ne croyons pas qu'un manager soit naturellement compétent pour manager ; nous croyons que cette pratique s'apprend et que les compétences comportementales mobilisées dans l'entretien annuel peuvent s'acquérir et se développer. Nous faisons donc le pari dans ce livre d'y aider nos lecteurs, notamment dans sa deuxième partie, centrée sur les aptitudes utiles pour mener des entretiens annuels.

En outre, l'entretien annuel réunit, selon nous, toutes les difficultés et tous les enjeux qu'un manager rencontre dans la relation avec ses collaborateurs. Ce temps fort représente donc bien un condensé et un révélateur de la relation managériale. Il offre un effet loupe, pertinent à observer, pour photographier chaque manager et en tirer d'éventuels axes de progression. On pourrait dire : « Montre-moi comment tu pratiques tes entretiens annuels, je te dirai quel manager tu es. »

L'entretien annuel a évidement pour but de dresser un bilan de la période passée et de définir des objectifs d'action pour la période future. Mais nous pensons qu'il peut aller au-delà et servir de pouls et de gouvernail à la relation managériale. Nous essayerons de démontrer ici qu'au lieu de chercher à minimiser l'expression des désaccords mutuels, il est plus pertinent, bien au contraire, de faciliter, dans ce moment privilégié, leur mise en évidence. Ainsi, cela contribuera à alimenter des discussions sur les attendus de chacun, à en faire une confrontation constructive et à générer, finalement, une source d'enrichissement mutuel et, partant, d'efficacité accrue pour tous[1].

Comment ce livre est-il construit ?

Nous avons voulu que ce livre soit interactif et qu'il constitue pour vous une occasion de réflexion sur *votre* modèle de management et *vos* pratiques de gestion d'équipes. C'est pourquoi vous y trouverez régulièrement des cas concrets auxquels vous pourrez vous confronter. Toute ressemblance avec des situations connues de vous est évidemment totalement volontaire. Nous vous invitons aussi à utiliser des questionnaires pour faire le point sur votre fonctionnement. Vous trouverez en annexe des cas concrets à analyser, afin de décoder des cas complexes d'entretien annuel. Cette méthode réflexive sera ainsi un fil rouge tout au long de l'ouvrage. En annexe, vous trouverez enfin de quoi formuler votre propre plan d'action, toujours dans ce souci d'opérationnalité.

Le livre est découpé en deux grandes parties, l'une plus théorique et l'autre plus comportementale. Dès lors, selon vos préférences ou selon le temps dont vous disposez, vous pouvez choisir de lire ce texte chronologiquement ou d'entrer directement dans la partie comportementale, en vous aidant des annexes pour pratiquer les exercices ou peaufiner votre plan d'action personnel.

Dans la première partie, nous vous présentons des repères théoriques sur les comportements et sur la communication, à la fois simples et utilisables par tous. En effet, l'entretien annuel est une situation de communication où l'on parle beaucoup des hommes, des femmes,

---

1. Tout ceci s'inscrit en cohérence avec le contexte légal du droit individuel à la formation et la généralisation des entretiens professionnels. De même, la pénurie de collaborateurs dans certains secteurs d'activité et fonctions, ainsi que la volonté légitime de garder les talents appellent à une plus grande qualité des relations managériales, à laquelle nous espérons contribuer ici.

de leurs relations dans le travail, et donc de leurs comportements, sans toujours savoir de quoi il retourne. Ensuite, à la lumière de ces apports théoriques, nous développons ce que peuvent penser les managers et les collaborateurs de cet « exercice obligé » qu'est l'entretien annuel. Enfin, nous en évoquons les pièges et vous montrons comment ne pas y tomber.

Dans la seconde, plus pratique, nous vous guidons dans l'examen des sept compétences comportementales mobilisées par tout manager dans l'entretien annuel, ce qui vous aidera à dresser votre propre plan d'action, si vous le souhaitez.

Dans les annexes et fiches techniques, vous trouverez plusieurs listes de questions, afin d'approfondir votre réflexion :

- la première vise à vous aider à mieux comprendre comment fonctionnent vos modes de pensée, en général ;

- une autre porte sur les compétences comportementales de l'entretien annuel ;

- ceux qui veulent mieux comprendre les différences de vision entre les managers et les collaborateurs au sujet de l'entretien annuel trouveront une annexe synthétisant des éléments sur ce sujet ;

- si vous souhaitez vous entraîner à partir de situations concrètes de management, sept cas managériaux vous permettront d'affûter vos compétences diagnostiques et de continuer votre réflexion sur votre propre style selon un autre angle d'attaque ;

- vous trouverez ensuite des listes de questions pour vous faciliter la mise en place ou l'amélioration de l'entretien annuel ;

- deux listes de questions vous aideront pour faire l'auto-analyse de votre pratique d'entretien annuel et pour en améliorer l'efficacité au quotidien (fiches n° 5 & 6).

- enfin vous pourrez synthétiser votre propre plan d'action avec la fiche technique 7 ;

Nous vous proposons maintenant de rencontrer quelques personnes fictives, mais inventées à partir d'exemples réels, pour poursuivre l'introduction du sujet.

Deux exemples en guise de mise en bouche

Un entretien considéré par les protagonistes comme une formalité

Ce matin, M. X a rendez-vous avec son premier collaborateur, Mlle Y pour la série des douze entretiens annuels qu'il a à gérer. Il arrive en retard, entre dans le bureau avec son portable à l'oreille et finit une conversation animée, il grimace à son collaborateur quelque chose pour signifier « désolé pour le retard/je finis vite/et on commence ».

L'entretien démarre :

M. X : *Alors, Mlle Y, cette année écoulée ?*

Mlle Y : *Oh, vous savez, je ne vais rien vous apprendre, vous avez suivi mes chiffres toute l'année. Je vous ai déjà expliqué pourquoi je suis en deçà des objectifs, comment s'était déroulée la grosse négociation avec les Japonais. Je ne sais pas quoi vous dire de plus.*

M. X : *Oui, c'est vrai. De toute façon, avec le tuyau que je vous ai donné, la négociation devrait repartir sur de bonnes bases. En plus, il faut bien remplir les imprimés que nous demande le siège maintenant. Et pour la formation, vous voulez quoi ?*

Il est interrompu par un appel téléphonique qu'il prend, la collaboratrice en profite pour continuer à rédiger ce qu'elle faisait en l'attendant. Ils reprennent l'échange et concluent bien vite pour retourner aux affaires courantes, contents chacun d'avoir expédié ce qu'ils considèrent tous les deux comme une « étape-obligatoire-dont-on-n'a-nullement-besoin ».

Prenons un autre exemple.

Un entretien basé sur la méfiance et la défensive

M. Z manage une petite équipe de financiers et il a décidé de recevoir en premier le collaborateur T, qui lui donne beaucoup de fil à retordre. En effet, pour ce manager, ces entretiens sont l'occasion de faire passer ses idées et là, il a du pain sur la planche. Z et T ont conclu un plan avec des objectifs qualitatifs l'an dernier, qui se sont ajoutés aux objectifs quantitatifs usuels du collaborateur.

En effet, T a des problèmes à répétition avec ses contacts internes. M. Z constate que T n'a pas fait le travail qualitatif exigé et souhaite le lui faire dire, pour mieux enfoncer le clou cette année encore.

M. Z : *Alors, M. T, comment ça s'est passé cette année ?*

M. T : *Oh, la routine, les factures à traiter, la surchauffe, le manque de moyens.*

M. Z : *Voilà, des propos qui ne sont pas très positifs. N'êtes-vous pas d'accord avec moi sur le fait que nous nous devons, au service financier, de garder toujours un bon moral et d'être exemplaire ?*

M. T : *Évidemment, mais là on est entre nous.*

M. Z : *Certes, mais ce n'est quand même pas un état d'esprit positif. Et mes suggestions pour améliorer votre relationnel avec le service commercial ?*

M. T : *Ça n'a pas marché.*

M. Z : *Comment ? Ne me dites pas que de les prendre par la douceur n'a pas marché !*

M. T : *J'ai bien essayé, mais sans succès.*

M. Z : *Mais avez-vous essayé avec assez d'efforts et de conviction ?*

M. T : *Ben oui, mais ce n'est pas dans ma nature d'être comme ça, et puis les règles groupe doivent être appliquées, point à la ligne.*

M. Z : *Eh bien, il va quand même falloir vous forcer cette année, parce que les réclamations n'ont pas cessé et je compte sur vous pour changer vos attitudes.*

M. T se renfrogne et acquiesce mollement.

Caricatures ? Extraits tellement ridicules que l'on se doute qu'ils sont inventés ? Notre expérience auprès de managers et des équipes qu'ils gèrent nous fait dire que non. En fait, la façon dont chacun se comporte en entretien est non seulement liée à l'interlocuteur en face, mais aussi à la vision qu'à chacun de cet exercice de l'entretien annuel.

Ainsi, les deux premiers protagonistes sont d'accord pour penser que l'entretien annuel ne sert pas à grand-chose et ils font donc un entretien vite expédié. En effet, ça les agace de consacrer trop de temps à ce qu'ils considèrent comme une formalité. Ils n'utilisent pas le temps imparti par l'organisation pour se dire calmement des choses sur le travail, qu'ils n'évoquent pas au quotidien. Et ils perdent ainsi une opportunité.

Les deux autres sont méfiants, sur la réserve, voire la défensive, car ils vivent l'exercice comme une situation de manipulation. Le manager a une visée d'argumentaire et le collaborateur sait qu'il va se prendre un savon et adopte un comportement de repli. Les façons de procéder de chacun sont inefficaces (questions fermées et orientées du chef et justifications du collaborateur) et ne règlent rien. Dans ce deuxième exemple, chacun a non seulement perdu du temps, mais ressort conforté dans sa vision négative de l'autre et de l'entretien. L'échange a été inutile, pire, il a contribué à dégrader la relation professionnelle entre les deux interlocuteurs. Le manager en ressort persuadé que son collaborateur est de mauvaise foi et qu'il suffisait d'appliquer le conseil qu'il lui donnait pour que tout rentre dans l'ordre. Le collaborateur n'est pas en reste et pense que son chef ne le comprend pas et qu'il cherche de toute façon à lui faire entrer ses idées de force dans le crâne. Toutefois, aucun des deux ne prend le risque de dire vraiment à l'autre ce qu'il pense.

Dans les deux cas, les managers sont persuadés d'avoir raison, ne se questionnent pas sur ce que pensent vraiment leurs collaborateurs et ont tendance à les juger. De plus, dans le deuxième cas, le « chef » donne des conseils sur ce qu'il conviendrait de faire, se positionnant ainsi « en expert qui sait pour l'autre ».

Or, manager constitue une nouvelle fonction par rapport aux missions d'expertise, quelles qu'elles soient. Cela mobilise d'autres compétences, qui peuvent s'acquérir par l'expérience, mais, qui sont aussi difficilement compatibles avec certains modes de pensées, hérités du temps où les managers étaient seulement des experts. Ainsi, l'expert est habitué à rechercher *la bonne* solution, alors que le manager doit s'entraîner à intégrer la pluralité des regards et des logiques. Notre financier souhaite que son collaborateur améliore ses relations en interne, c'est légitime : le salarié peut y parvenir par un autre chemin que celui que son chef lui dicte, surtout s'il en a mieux compris l'enjeu ! Le manager, s'il n'effectue pas cette transformation interne, risque d'utiliser ses lunettes d'expert dans une mission toute autre, sans les nettoyer. Il aura tendance à conserver ses façons de voir et de penser d'expert, et cela le gênera alors pour adopter les comportements appropriés requis par ses nouvelles fonctions[1].

Si l'on adopte l'idée que le manager a pour mission de faire fonctionner des équipes pour atteindre des objectifs communs de résultats qui leur sont assignés et que, pour ce faire, il est pertinent d'aider les collaborateurs à développer leur autonomie de fonctionnement, alors l'expert devenu manager a bien une révolution personnelle à vivre.

En effet, l'expert trouve sa force dans toujours plus de maîtrise individuelle de ses savoirs techniques. Là où le manager doit développer une expertise radicalement différente, celle d'avoir une grande clarté des buts qui lui sont assignés (ainsi qu'au collectif qu'il encadre) et de faire ce qu'il faut pour atteindre ces objectifs. Son expertise se transforme alors en un savoir sur l'humain, sur la façon dont il fonctionne, se mobilise, se démotive, change, réagit, etc.

Dans nos deux exemples, les deux managers sont persuadés que leur vision de la réalité *est* la réalité, tendance que nous avons tous ! Avec, pour conséquence, la tendance automatique à juger autrui et ses comportements, et à ne pas voir la poutre dans notre œil. Mais le manager affecté de ce souci risque de rencontrer plus d'embûches que d'autres, car il a la charge d'un collectif. Aussi, s'il se contente de pester contre « les autres » qui ne sont pas tels qu'il voudrait qu'ils soient, il se prépare à des déconvenues : ses propos ne changent rien au réel et ses sentiments[2] sont bien coûteux en énergie ! En outre, il adopte des façons de faire en lien avec ce qu'il pense. Ainsi, le manager Z pense que T a mal travaillé sciemment et adopte en conséquence des questions qui manquent de franchise pour le « coincer ». En procédant ainsi, et si l'on considère que le collabora-

---

1. Sur les renoncements nécessaires quand on passe d'une fonction d'expertise à une mission de manager, on lira *Le manager est un psy*, Éric Albert et Jean-Luc Émery, Éditions d'Organisation, 1998.
2. Marc Aurèle et les stoïciens, en leur temps, ne disaient pas autre chose…

teur était de bonne foi[1], son chef crée lui-même une méfiance qui n'existait peut-être pas !

Dans ces deux exemples introductifs, nous voyons à quel point ce que dit et ressent le manager influe sur la façon dont il mène son entretien annuel. Or, même si ce point semble logique quand on est extérieur, le manager n'a généralement pas conscience de ce fonctionnement. Nous allons maintenant poser quelques jalons théoriques pour nous aider à progresser justement dans la connaissance sur ces déterminants internes.

---

1. Notre expérience nous fait effectivement penser qu'il n'y a statistiquement que de rares cas de personnes de « mauvaise foi ». En revanche, il y a pléthore de personnes qui ne veulent pas renoncer à leur confort, à du plaisir, qui ne savent pas fonctionner autrement, mais sont prêtes à se remettre en question si on les y aide et qu'elles en comprennent le sens et la nécessité. Les cas de fermeture totale restent minoritaires.

I

L'ENTRETIEN ANNUEL : FONDEMENTS ET PRÉJUGÉS

Nous poserons tout d'abord des jalons théoriques destinés à vous aider à mieux comprendre les comportements et à mieux décoder le lien entre les pensées et les actions. Nous présenterons alors des repères sur la communication. Cela vous permettra ainsi d'être mieux à même d'envisager l'entretien annuel, situation de communication spécifique où il est beaucoup question de comportements. Ensuite, nous présenterons la façon dont les managers et collaborateurs peuvent voir l'entretien annuel et les conséquences de ces visions, puis nous vous inviterons à réfléchir sur ce que vous pensez de vos propres entretiens annuels. Enfin, nous présenterons la façon d'éviter les pièges de l'entretien annuel et en donnerons une définition positive et constructive.

1

Un peu de théorie pour réussir vos entretiens annuels

Pour arriver à optimiser la qualité des entretiens, chacun, et en particulier le manager, va pouvoir utiliser deux éléments utiles :

- une grille de lecture sur la façon dont fonctionnent nos comportements (pour pouvoir comprendre et agir sur les siens et sur ceux des interlocuteurs) ;
- des leviers pour rendre les relations plus claires et constructives.

Examinons maintenant chacun de ces aspects, en commençant par celui concernant les comportements.

Apprenez à comprendre comment fonctionnent les comportements

Le modèle implicite d'explication des comportements

Présentation du modèle

Les exemples que nous avons évoqués en introduction illustrent la façon dont fonctionnent beaucoup de personnes dans le monde professionnel (et à l'extérieur, aussi, bien sûr). On peut dire qu'ils ont un modèle implicite pour expliquer les comportements. Et comme ils n'ont souvent pas conscience de disposer d'un tel schéma, qui s'est installé automatiquement, au fur et à mesure de leurs expériences de vie, on peut parler d'un « modèle naturaliste », en opposition ici à un modèle théorique.

Ainsi, ces personnes expliquent les actions, celles de leurs interlocuteurs et les leurs. Ils donnent du sens aux comportements qu'ils adoptent en observant autour d'eux – cela, répétons-le, sans en avoir toujours conscience.

Dans ce modèle implicite, deux sortes d'explication cohabitent généralement :

- soit les comportements sont expliqués en référence à l'histoire des personnes, à leur passé, aux éléments qui constituent leur personnalité ;
- soit les comportements sont considérés comme le fruit des caractéristiques de la situation.

Donnons-en une illustration. Imaginons un manager qui développe en entretien annuel les façons de faire suivantes :

- il pose des questions brèves, fermées (c'est-à-dire auxquelles on répond par oui ou par non) ;
- il ne creuse pas les réponses que lui font ses collaborateurs ;
- il coupe la parole à ses interlocuteurs ;
- il ne reformule jamais ce qu'il entend et ce qu'il comprend des propos qui lui sont tenus.

Que pourriez-vous en déduire en termes de comportement ? **Ce manager a clairement une difficulté à écouter ses interlocuteurs.** Si nous sommes dans notre modèle d'explication implicite, on peut expliquer son action des deux manières suivantes :

	EXEMPLES D'EXPLICATIONS PAR L'HISTOIRE DU SUJET	EXEMPLES D'EXPLICATIONS PAR LES INGRÉDIENTS DE LA SITUATION
Le manager a un problème comportemental d'écoute	Il est timide	Il n'écoute pas cette personne, car elle se répète beaucoup
	Il ne s'intéresse pas aux autres	Il est pressé de conclure, car il est très occupé
	Il est égoïste	Il écoute sélectivement en fonction de ses objectifs d'entretien
	Il est comme ça depuis toujours, on ne va pas le changer	Écouter plus ne servirait à rien, vu le contexte de contraintes de l'entreprise

Toutes ces propositions ont peut-être un fond de vrai. Toutefois, utiliser un tel système explicatif présente un certain nombre de conséquences, ennuyeuses notamment en management.

Les conséquences de ce modèle sur la pensée et sur l'action

Nos modes de décodage des faits influent sur nos actes. Si je chausse des lunettes roses ou noires, je ne vois pas ce qui arrive de la même façon, je ne ressens pas les mêmes choses et j'agis en conséquence. Envisageons maintenant les conséquences de ce modèle explicatif sur la pensée et l'action.

Tout d'abord, on voit que les explications implicites par l'histoire du sujet ont un caractère jugeant et figent la personne. Ainsi, si je crois que je suis timide ou égoïste et que je dois améliorer mon écoute, ça va m'être difficile de changer quelque chose à ce que je considère comme constitutif de ma personnalité ! De même, si je suis manager et que je crois que mon collaborateur ne s'intéresse pas aux autres, je le juge, ce qui ne crée pas des conditions optimales pour qu'il se mobilise dans un éventuel changement.

Par ailleurs, si je crois que ce sont les circonstances extérieures qui guident mes actions, je ne suis pas encouragé à considérer que je suis en partie responsable de ce qui se passe, et donc je ne suis pas poussé à modifier mes actes. Je peux, à bon compte, imputer à l'autre et à l'environnement les motifs (infinis en nombre) de mon non-changement. Et, accessoirement, j'ai le sentiment de ne rien pouvoir faire pour changer quoi que ce soit de cet état de fait, ce qui est pour le moins peu stimulant, voire déprimant. Je peux alors mobiliser beaucoup de mon énergie pour exhorter l'environnement à changer, me plaindre de ne pas être entendu, déplorer que les choses qui devraient changer ne changent pas et, finalement, risquer de développer un sentiment d'épuisement professionnel !

De plus, comme on n'a généralement pas conscience de disposer de tels filtres explicatifs, on a tendance à croire que tout le monde voit ou devrait voir les choses comme nous et à agir en conséquence.

Enfin, ces éléments d'explication peuvent avoir un caractère partiel et plaqué, ne pas être adaptés à la situation de telle personne dans telle circonstance très précise. Ils peuvent constituer alors un ersatz de pensée qui nous fait croire que l'on a compris, quand on a juste été rapide dans l'analyse d'une situation ou d'une personne.

Prenons un autre exemple. Un manager fait le point en entretien annuel sur la mise en œuvre des plans d'action de ses collaborateurs et ces derniers expliquent :

- le premier, que les clients rencontrés depuis le dernier entretien ne se prêtaient pas à la mise en œuvre du plan prévu ;

- le second précise qu'il n'a pas eu le temps de mettre en pratique ce qui avait été convenu ;

- le troisième explique que son ordinateur est en panne et qu'il attend le nouveau pour commencer.

D'après vous quel type de vision ont-ils de leurs comportements ? **Ces collaborateurs sont tous dans un modèle explicatif implicite où ils imputent à l'extérieur l'explication des comportements qu'ils ont adoptés.**

Évidemment, ne retenez pas des deux exemples schématiques que *tous* les managers expliquent les comportements par l'histoire des personnes et les collaborateurs par la situation extérieure ! Cela serait trop simpliste.

Ces collaborateurs rentrent dans la justification, l'évitement quant à l'absence de résultat et le sentiment désagréable que cela doit leur procurer. Cette réaction est toutefois de nature à renforcer les propres sentiments négatifs de leur chef, qui va les juger. Et la situation risque d'empirer. Il leur manque à tous un modèle d'explication opérationnel des comportements (et évidemment des règles du jeu de communication) propices à les aider, avec un peu de courage, à sortir de l'impasse.

On comprend de ce qui précède que nos comportements peuvent en partie s'expliquer soit par des déterminants internes, parfois fort anciens, soit par des éléments contextuels, mais que l'usage de tels systèmes explicatifs est insuffisant et ne donne pas toujours des clés positives pour entamer un dialogue constructif en management et induire une mise en action ou un changement. Nous allons voir, dans la partie suivante, que nos comportements sont aussi et surtout liés à la façon dont chacun vit et décode ce qu'il vit.

À retenir

Si, en management, on explique les comportements uniquement par des éléments de l'histoire des sujets, on a tendance à les juger et à les figer, ce qui rendra difficile leur adaptabilité comportementale. Si l'on explique les comportements uniquement par le contexte dans lequel ces sujets agissent, on permet à chacun de se dédouaner de sa part de responsabilité dans l'action et de son éventuelle remise en question. Enfin, quand on ne sait pas que l'on dispose de tels modèles explicatifs implicites, on peut avoir tendance à confondre sa vision des comportements avec la réalité ou, pire, la vérité et développer une rigidité de pensée, et donc d'action, d'autant plus problématique si l'on est en charge d'une équipe.

Le modèle cognitivo-comportemental

Présentation du modèle

Nos comportements s'expliquent donc aussi par ce que l'on ressent et ce que l'on se dit face à une situation. Ce que nous faisons est guidé par nos émotions et nos cognitions – ou représentations mentales. Schématiquement, cela donne la vision suivante :

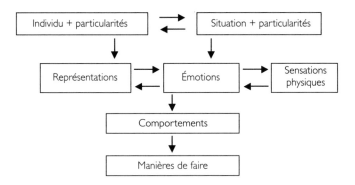

Définissons ensemble les termes, avant d'en donner des illustrations :

- **On appelle ici comportement** un ensemble cohérent de manières de faire observables. Le comportement constitue une racine commune à ces faits que nous pouvons tous observer et qui sont ainsi en soi incontestables. Le comportement, en revanche, est déduit de ces faits objectifs, et s'avère donc hypothétique et doit être vérifié.

- **On appelle émotion** la coloration affective qui nuance toute expérience personnelle ou professionnelle. J'ai du plaisir à écrire ce chapitre. Je suis, au contraire, agacée par la panne de mon ordinateur, etc.

- **On appelle représentations** ce que l'on se dit sur les choses. Précisons qu'il s'agit d'un discours intérieur, car nous n'avons généralement pas conscience d'avoir de tels schémas de raisonnement. Les synonymes de « représentations » sont : « modes de pensée, croyances, stéréotypes, mais aussi valeurs personnelles, perceptions de rôle, principes guidant l'action ou règles de vie ».

Prenons un exemple simple. La situation : un chien s'avance vers deux personnes.

	LES MANIÈRES DE FAIRE OBSERVÉES	LES COMPORTEMENTS ADOPTÉS PAR CHACUN	LES ÉMOTIONS RESSENTIES PAR CHACUN	CE QUE CHACUN SE DIT PROBABLEMENT (REPRÉSENTATIONS, COGNITIONS)
Personne A	Elle commence à suer, à fixer le chien, à reculer, à ramasser un bâton et à chercher ensuite du regard un lieu de retraite	La fuite	La crainte (+ sensation de sudation, de mains moites, de gorge serrée)	« Tous les chiens sont dangereux, je dois me protéger »
Personne B	Elle sourit, avance doucement en regardant franchement le chien, ramasse un bâton et l'appelle	L'approche	L'excitation, le plaisir (+ sensation de pétillement, de fourmis dans les jambes)	« Tous les chiens sont joueurs, on va bien s'amuser à chahuter »

La situation est la même, on ne peut donc utiliser le mode d'analyse par la situation. Il est aussi trop simpliste de dire que A est peureux et que B est brave. On pourrait d'ailleurs, pour affiner la démonstration, ajouter que A serait quelqu'un qui affronte beaucoup de situations délicates dans son métier de commercial en porte à porte et que B craindrait d'aborder des situations de nouveauté dans son travail. Il est donc intéressant de comprendre comment A et B voient et ressentent cette même situation.

Vous aurez peut-être remarqué que chacun ramasse un bâton. Mais, de ce fait isolé, de cette seule manière de faire observable, on ne peut déduire le comportement que chacun va adopter. En effet, A a peur et pensera à se protéger avec le bâton quand B a l'intention de jouer avec le chien en lui lançant le bâton.

En situation professionnelle, on ne peut conclure à un problème de comportement de la seule observation de simples manières de faire isolées[1].

Vous aurez peut-être aussi remarqué que ce que se disent A et B tient de la généralisation, que ce que se dit A est, en outre, porteur de dramatisation. Cela nous permet d'illustrer ici les mécanismes de fonctionnement des représentations qui sont les nôtres.

En effet, notre cerveau ne peut fonctionner sans système de traitement des données multiples qui l'assaillent, à l'image de l'ordinateur inopérant sans système d'exploitation et logiciels. Nos schémas de représentation servent donc à cela. Ces représentations s'enclenchent automatiquement, sans être nécessairement conscientes et visent à simplifier le traitement des informations (d'où la généralisation, la simplification et la dramatisation). Elles requièrent beaucoup d'efforts pour être mises à jour. C'est en raison de cette difficile mise à jour des pensées automatiques que nos comportements ont du mal à être adaptés aux variations de notre environnement.

Ainsi, on peut analyser que A a été mordu plus jeune et qu'ensuite, la représentation « tous les chiens sont dangereux » lui a permis de traiter la totalité des cas de confrontation à un chien, avec un niveau d'effort intellectuel minimum et un comportement de fuite adapté. **Le problème est qu'en fonctionnant ainsi, on biaise notre rapport au réel actuel, qui nous offre des défis adaptatifs permanents.** Ainsi,

---

1. Exemple : je ne peux conclure d'un simple retard en réunion d'un collaborateur qu'il ne joue pas le travail en équipe. En revanche, si chaque lundi, il évite de se porter volontaire pour participer à un projet collectif et ne dit que des « moi, je » en réunion, le faisceau de présomptions devient plus net…

A et B, l'un guidé par la peur et l'autre par le plaisir, ont peut-être tous les deux tort, au vu des caractéristiques de la situation du jour, en étant pilotés majoritairement par leur émotion. En effet, A ne voit peut-être pas que le chien en question est un vrai nounours ou B ne voit peut-être pas qu'il est enragé. Évidemment, le propos est ici schématique, mais une situation professionnelle amènerait à la même conclusion, comme nous allons le constater.

Imaginons un membre d'un comité de direction. Il a un problème comportemental de prise de parole en public. S'il a appris, petit, étant le cadet d'une grande fratrie, très remuante et prompte à la critique acide que pour prendre la parole et la garder, il faut toujours « bétonner à fond », cela peut le gêner pour adopter des comportements plus adaptés à sa situation actuelle. Ainsi, il aura du mal à participer aux réunions, car il voudra seulement s'exprimer lorsqu'il aura une maîtrise parfaite des sujets. Il se privera ainsi d'autres contributions comme pratiquer l'écoute active et poser des questions pointues, ou faire des suggestions proactives. Et il pourra être perçu négativement par son directeur général.

C'est cette tendance naturelle à des pensées automatiques inscrites dans le marbre qu'il nous faut contrer pour parvenir à l'adaptation comportementale.

Attention toutefois ! Les représentations sont indispensables et ont toujours un fond de vrai. En effet, notre membre du comité de direction est plutôt avisé lorsqu'il pense qu'il vaut mieux avoir travaillé ses dossiers avant d'avancer des idées. C'est l'application sans discernement de ces pensées qui peut poser problème.

Autre idée intéressante, pour vous aider à voir plus clair dans les représentations les plus courantes : il peut être utile de se référer à une **typologie**. Nous vous en proposons une en annexe 1 ; ainsi, vous pourrez découvrir quels sont vos modes de pensée automatiques les plus fréquents et voir s'ils impactent sur votre pratique d'entretien annuel.

Reprenons maintenant l'exemple de notre manager qui manque d'écoute, afin de mieux comprendre ce qui lui arrive dans la situation présente face à son collaborateur Y. En fait, il peut se dire et ressentir beaucoup de choses différentes. Par exemple, il peut :

	CE QUE LE MANAGER PEUT RESSENTIR FACE À CE COLLABORATEUR	CE QUE LE MANAGER PEUT SE DIRE FACE À CE COLLABORATEUR
COMPORTEMENT À TRAVAILLER : L'ÉCOUTE	Ennui	« Ça ne sert à rien de partir dans toutes ces considérations, il vaut mieux aller droit au but »
	Impatience	« Si ça dure encore longtemps comme ça, je vais perdre toute mon après-midi »
	Agacement	« Écouter toujours les mêmes choses ne sert à rien »
	Méfiance	« S'il va sur ce sujet-là, c'est pour éviter d'aller sur tel autre, qui est le cœur du problème »

Et la liste n'est évidemment pas exhaustive.

Le manager qui ressentirait régulièrement de la méfiance en entretien annuel et qui penserait toujours que son interlocuteur veut éviter des sujets, ou essayer de gagner quelque chose à ses dépens, peut manquer totalement de souplesse adaptative. Ainsi, il passera tous ses collaborateurs au même filtre de méfiance, ce qui sera peut-être utile pour ceux qui, en effet, voulaient le manipuler, mais pourra dégoûter ceux qui étaient dans un désir sincère de contribution. Le pire étant que le manager ne s'en rendra peut-être même pas compte !

Attention ! On ne peut parler d'un comportement « ancré » chez quelqu'un que lorsqu'il développe régulièrement les mêmes manières de faire avec des personnes différentes. Ainsi, on pourrait dire de

26

notre manager qu'il a un souci d'écoute s'il manifeste souvent les manières de faire déjà citées avec plusieurs personnes et dans des circonstances variées. Le fait qu'il soit impatient ou distrait une fois de temps en temps ne nous permet pas d'en conclure qu'il a un comportement récurrent à améliorer.

— *À retenir* —————————————————————————

Il est pertinent de considérer, dans l'explication des actions, les schémas de pensée et d'émotion des parties en présence. Tout comportement présente une cohérence entre ce que la personne qui l'adopte se dit de la situation et ce qu'elle ressent, même si cette cohérence n'est pas toujours perceptible d'emblée. Le manager en entretien annuel a intérêt à mobiliser ce schéma explicatif pour comprendre tant les comportements de ses collaborateurs que les siens (avant de chercher à les modifier le cas échéant).

Intérêts et limites de ce modèle sur la pensée et sur l'action

On voit que l'intérêt que l'on porte à ce qui se passe en chacun d'entre nous est pertinent par rapport à l'usage du modèle implicite. Listons les avantages de cette façon de voir :

* Cela permet de n'être pas « jugeant » sur la personne mais de comprendre la logique de l'autre (sans pour autant la cautionner). On a plus de chance, alors, qu'il vous comprenne aussi, de tisser une relation de confiance, profonde et constructive, et que la personne accepte de remettre en question des comportements professionnels qu'il est utile de modifier. On voit ainsi mieux la cohérence qui existe entre les actes, les pensées et ce que les personnes sentent, quitte ensuite, bien sûr, à les mettre à l'épreuve du réel, si cela est demandé par leur fonction.

* Il est aussi plus facile de travailler sur ce que quelqu'un pense, et d'assouplir les représentations qui peuvent être bloquantes plutôt que de vouloir changer les personnes. Cela permet de travailler ce

qui est du ressort des comportements et n'est pas modifiable, en ne changeant que les données externes[1].

- Par ailleurs, l'utilisation d'une telle grille de lecture est écologique pour les managers : elle les fait sortir du jugement et leur donne un levier plus opérationnel d'influence (saine) sur les comportements. Cela leur permet donc de mieux assumer leur mission de développement des compétences de leurs collaborateurs.

Toutefois, ce questionnement, cet intérêt au sujet de ce que pensent et sentent vos interlocuteurs reste **professionnel**, car il est limité aux représentations de la personne sur son travail. Il ne s'agit pas ici de questionner l'autre sur sa personnalité profonde (sur les pourquoi…), ce qui ne serait pas éthique car ne relevant pas des objectifs de l'entreprise.

Ce point est capital, car si l'on demande aux personnes aujourd'hui de s'investir plus et de s'adapter davantage, il est important qu'on leur donne des clés pour faciliter cette adaptation. Ainsi, un manager capable de réfléchir avec ses collaborateurs et de les faire réfléchir sur ce qui, dans leur vision de leur travail, de leurs compétences, de leurs clients, de ce qui est possible de faire ou pas, etc., peut poser problème, les aide à repousser leurs propres limites. Ce manager leur donne ainsi plus de moyens d'agir, en étant en accord avec ses valeurs humaines et dans le cadre de sa mission, que ceux qui intiment des obligations au changement de comportements en jugeant la personne pour l'absence de résultats. Notre propos se base en tout cas sur ce postulat. Citons un professeur réputé en management pour appuyer notre propos, Manfred Kets de Vries : « *Le dirigeant, pour être efficace, a certes besoin de connaître son métier, mais il doit surtout être capable d'instaurer des rapports efficaces avec ses collaborateurs, subordonnés ou supérieurs, qui ont chacun une personnalité à nulle autre pareille. Il s'agit donc de comprendre le fonctionnement des êtres qui vous entourent, les*

---

1. On pourrait donner l'exemple classique de la personne qui se dit débordée et demande une assistante (= donnée extérieure), alors qu'un entretien approfondi révèle qu'elle ne sait pas dire non (= problème de comportement).

émotions fondamentales de chaque individu. Ce souci de l'affectif et de la motivation, que l'on pourrait désigner sous le nom de gestion émotionnelle, obliger le manager à acquérir la capacité à connaître ses propres sentiments, à les manier et à les mettre au service d'un objectif, mais aussi la capacité à identifier et à gérer ceux des autres[1]. »

Modèles et comportements

À partir de l'exposé sur ces deux modèles – explicatif implicite et cognitivo-comportemental –, quels constats faites-vous sur vos propres tendances ?

Avez-vous tendance à juger les gens de par leur personnalité ?

Êtes-vous toujours plutôt enclin à expliquer les comportements que vous observez selon leur contexte ?

Existe-t-il des cas où vous faites et l'un et l'autre[2] ?

Aviez-vous déjà, peut-être intuitivement, pris l'habitude de questionner et de vous questionner sur les deux registres de l'émotion et des représentations qui, en amont des comportements, les influencent ?

Y voyez-vous d'autres intérêts que ceux évoqués plus haut ? Quels éléments de plan d'action tirez-vous de cette réflexion ?

Vous pouvez aussi compléter l'analyse de vos schémas de pensée avec le questionnaire de l'annexe 1.

....

....

....

....

....

....

....

....

....

EN PRATIQUE

---

1. Manfred Kets de Vries, *Combat contre l'irrationalité des managers*, Éditions d'Organisation, 2002, page 52.
2. En vous posant cette question, vous ferez peut-être une découverte assez fréquente en management. En effet, il n'est pas rare que les managers utilisent inconsciemment le mode explicatif par la psychologie pour interpréter les comportements des collaborateurs avec lesquels ils n'ont pas d'affinités ou dont le comportement les énerve, et qu'ils usent du mode explicatif contextuel pour ceux avec lesquels la relation est meilleure ! Ainsi, ils accablent ceux avec lesquels les affinités sont moyennes et excusent ceux avec lesquels la relation est meilleure. Eh oui, le principe d'équité n'est pas toujours facile à appliquer surtout quand on ne s'en rend pas compte !

On a vu que nombre de personnes, et donc de managers, n'ont pas conscience de leur système implicite d'explication des comportements. Après avoir repéré les conséquences de ces tendances nous vous avons présenté un modèle théorique qui peut vous aider à mieux comprendre comment fonctionnent les comportements. Nous allons maintenant faire de même au sujet de la communication.

Apprenez à comprendre comment fonctionnent les relations

Les tendances implicites en matière de communication

En matière de communication encore, nous avons des tendances automatiques implicites qui vont avoir un impact sur nos actions et donc sur la façon de mener les entretiens annuels. Il est donc pertinent d'en prendre conscience, afin d'en corriger les effets néfastes.

Des erreurs à ne pas commettre en matière de communication

Imaginons le début d'un entretien annuel avec un manager qui tomberait dans tous les écueils en matière de communication, cela pourrait donner ceci (précisons que le collaborateur G ne cherche pas à minorer ses objectifs annuels) :

Manager D : *Bon, je suis satisfait de votre année, et surtout du final, mais, l'an prochain, il faut me donner un coup de collier sur le client Z, il est capital pour l'entreprise, aussi, je vous ai mis un objectif de + 25 %.*

Collaborateur G : *Mais, + 25 %, c'est énorme !*

Manager D : *Mais non, voyons, regardez vos succès de cette année, vous avez le punch qu'il faut !*

Collaborateur G : *Non, j'ai vraiment bien réussi cette année, mais les interlocuteurs et l'organigramme changent l'an prochain chez le client, et ils auront des méthodes américaines.*

Manager D : *Moi, j'ai toute confiance en vous.*

Collaborateur G : *Bon, puisque vous le dites.* Et il baisse la tête, en hochant les sourcils.

Manager D : *Avez-vous d'autres points à voir ?*
Collaborateur G : *Non, c'est bon merci.*

Le manager est content de cet entretien rondement mené. Il pense qu'il a su redonner confiance à son collaborateur en lui rappelant ses succès et ses qualités. Or, il est tombé dans plusieurs pièges de communication. Qu'en pensez-vous ?

Ce manager a commis quatre erreurs très habituelles en communication :

* il a surestimé le poids de son argumentation, au vu des émotions de son collaborateur G ;
* il a surestimé son intention de communiquer de la réassurance, par rapport à l'effet produit qui est assez mitigé ici ;
* il a surestimé la valeur des propos tenus en fin d'échange par le collaborateur, par rapport à ce que les mimiques de ce dernier lui indiquaient ;
* il a interprété que si son collaborateur disait que tout allait bien, c'est que c'était bien le cas !

Les tendances erronées sont donc de :

* vouloir raisonner des émotions (« n'aie pas peur du loup » dit le parent à son enfant qui est terrifié à l'idée de l'animal sous le lit) ou, dit autrement, croire qu'argumenter suffit à faire disparaître l'émotion ;
* croire que les éléments verbaux sont plus forts que les impressions non verbales et négliger ce que le corps, les mimiques, etc. nous expriment.

Nous allons maintenant nous doter de quelques clés de lecture pour mieux comprendre combien les situations de communication ne passent pas uniquement par le contenu échangé et combien les émotions dont nous venons de parler dans le paragraphe précédent sont au premier plan ici encore !

Quelques clés de lecture sur la communication

La communication non verbale

L'école de Palo Alto nous a enseigné une vérité : « *On ne peut pas ne pas communiquer.* » Ne perdons pas de vue que tout contenu est pris dans un contexte relationnel, conjoncturel, de projections diverses et qu'il est donc illusoire de ne considérer *que* les arguments de l'un et l'autre des protagonistes d'un échange pour en mesurer l'efficacité.

Une image fixe bien les idées : la relation est le tuyau dans lequel les fluides, les échanges passent ou pas. Il est inutile, si le tuyau est coudé, noué ou poreux, d'y mettre plus de contenu ou plus de pression, il faut s'attacher à repérer où le tuyau est défectueux et y remédier, avant de continuer l'arrosage. Il en va de même avec nos relations. Le lien entretenu entre deux parties mérite d'être considéré, voire parfois examiné et réparé, avant de pouvoir échanger à nouveau.

Par ailleurs, n'oublions pas non plus que la communication non verbale est plus forte que les échanges verbaux, véhiculant en effet de l'émotionnel, ce qui parle fort à notre cœur et à notre corps, plus qu'à notre seul cortex. Imaginons un manager mal luné un matin, qui décide d'éviter ses collaborateurs pour ne pas leur communiquer son malaise. Manque de chance, comme il passe d'habitude les saluer, ce fait-là est immédiatement interprété par l'équipe, négativement de surcroît, bien plus que s'il avait affronté les choses simplement en évoquant au passage son état émotionnel !

On voit que tout est interprété de nos actions et inactions, mais aussi de la cohérence entre ce qui est dit et ce qui est fait. Prenons un exemple. Les managers disent fréquemment : « Moi, je suis à leur écoute, d'ailleurs, ma porte est toujours ouverte. » Toutefois, quand un collaborateur a sollicité deux ou trois fois un manager et que celui-ci répond (avec toujours de vraies bonnes raisons) qu'il n'a pas le temps, il administre lui-même le contre-exemple de la valeur qu'il affiche, ce qui peut avoir un coût important en termes de légitimité managériale, si la chose se répète.

32

Ainsi, se mettent en place, sans que l'on s'en rende compte des **règles du jeu implicites** sur la façon dont chaque manager fonctionne : on sait si l'on peut arriver en retard en réunion, et de combien, comment s'y prendre pour s'en tirer, comment présenter les choses au chef pour qu'il s'énerve ou vous prête une oreille attentive, etc. Nous collectons tous un important savoir « discret » quant à nos relations. Il est important que les managers sachent qu'ils sont eux aussi passés à une telle moulinette interprétative, comme eux le pratiquent aussi autour d'eux. Il est donc utile qu'ils ne surestiment pas trop l'efficacité du facteur verbal face au non verbal et aux émotions toujours présentes dans tout échange.

— *À retenir* —————————————

Les managers doivent développer leurs aptitudes à mieux observer et intégrer le facteur non verbal à leur communication. Ainsi, quand quelqu'un fait une moue dubitative, il est préférable de l'inviter à en parler plutôt que de remettre une couche d'argumentaire à l'aveugle, croyant que cela suffira. En revanche, il est important de noter que la communication non verbale n'est pas explicite. Ainsi, quand quelqu'un s'agite sur sa chaise, on peut juste faire l'hypothèse qu'il ressent proba-blement une émotion, on ne peut en conclure qu'il est forcément agacé. De même que des bras croisés ne signifient pas à tous les coups que la personne est fermée à vos propos. Elle doit donc être vérifiée.

La centration sur soi

De cette tendance à minimiser l'importance des émotions dans la communication s'ensuit le défaut fréquent qui consiste à considérer davantage nos intentions dans la communication que leurs effets. Ainsi, on entend souvent dire les managers « je lui ai déjà dit de faire ci ou ça, sans succès » sans se questionner assez sur la façon dont ils l'ont dit pour que cela ait si eu peu d'effet. Autre exemple en entre-tien annuel, selon le manager, son subordonné pose un problème d'agressivité dans ses relations professionnelles. Mis devant les faits, ce dernier se récrie : « Mais, je ne suis pas agressif, j'ai la qualité de dire ce que je pense. » Il confond alors l'envie qu'il a, légitime, d'être franc (son intention) et la question tout aussi importante de savoir comment on doit présenter les choses pour avoir le maximum de chances d'être entendu (l'effet voulu).

Nous avons ainsi, sauf effort et apprentissage de notre part, tous tendance à la centration sur soi, c'est-à-dire à :

• juger les comportements d'autrui d'après nos critères (que l'on ne communique pas toujours, d'ailleurs) ;

• évaluer notre communication à partir de ce que nous voulons dire et pas de ce qui est effectivement entendu par l'autre.

Ainsi un manager peut s'agacer que son collaborateur ne pratique pas comme il le ferait, lui, telle ou telle tâche en oubliant que seule l'efficacité compte au final. Il peut aussi manquer de compréhension face à quelque chose qui bloque son équipier, car lui ne se sentirait pas bloqué dans une situation analogue. Il aura tendance alors à juger le collaborateur, à le conseiller à côté du sujet posant problème à ce dernier et à ne pas jouer au mieux son rôle de recul et d'accompagnement.

___ *À retenir* _____

Pour optimiser l'efficacité de ses communications, un manager aura toujours intérêt à préparer ce qu'il doit dire en se mettant à la place de l'autre et à se questionner d'abord sur l'effet qu'il veut produire. Après coup, si sa communication a échoué, il sera toujours préférable de s'interroger sur la forme de ce qui a été transmis et sur les dispositions de l'interlocuteur, plutôt que de s'en tenir à redire ce qui a déjà été dit.

Les positionnements relationnels et symboliques

Les théoriciens de la systémie nous ont appris que nous pouvons adopter plusieurs positionnements en situation de communication. Nous pouvons être en position symétrique ou complémentaire, haute et basse.

34

On est en **position symétrique** quand on adopte les mêmes modes de communication. Par exemple, j'argumente et mon interlocuteur en fait autant. Ou bien le manager pose une question et son collaborateur fait de même. Nous risquons, si l'échange se poursuit sur ce mode, ce que l'on appelle l'escalade symétrique, ce qui est souvent perçu comme conflictuel et s'avère souvent inefficace.

Nous sommes à l'inverse dans une **relation dite complémentaire**, quand les deux parties adoptent des rôles différenciés. Est en **position haute** celui qui cadre l'échange, celui qui argumente ou vend une idée, celui que l'on entend. Est en **position basse** celui qui écoute, celui qui questionne, celui qui ne dit rien (sans en penser pas moins, d'ailleurs). On a souvent tendance à croire plus efficace la position haute, sans doute de par notre surestimation historique de l'argumentation. Or, c'est à l'inverse la position haute qui est fragile, car elle est épuisante et ne tient pas longtemps face à la force d'inertie ou de non-action d'une bonne position basse[1]. De même, un manager qui ne serait que dans la position basse, par exemple en questionnant beaucoup ses collaborateurs, en leur demandant souvent leur avis, pourrait les lasser, car il ne jouerait pas assez son rôle de décideur. Il est donc intéressant de repérer si l'on se situe de façon répétitive dans l'une ou l'autre de ces deux positionnements et d'être conscient des inconvénients de ces deux postures relationnelles exclusives.

Avoir réfléchi aux positionnements relationnels est d'autant plus important que les managers sous-estiment souvent le fort caractère symbolique de l'image du chef dans laquelle ils se trouvent enfermés, quelle que soit leur personnalité par ailleurs. Ainsi, les managers promus dans leur ancienne équipe ne comprennent pas les marques de distance que leurs collaborateurs, ex-collègues, installent parfois

---

1. Prenons l'exemple du jeune qui se fait sermonner par ses parents et a la tête basse, l'œil un peu absent, l'air au-dessus de tout cela et la moue signifiant « cause toujours tu m'intéresses », ce qui ne manque pas de relancer une séquence d'escalade inefficace si le parent interprète le non-verbal comme une provocation !

du jour au lendemain. Comme on ne peut pas ne pas communiquer, un manager ne peut pas ne pas être le chef aux yeux des autres. Il doit donc l'intégrer. Cela lui permet de mieux vivre les attaques dont sa fonction fait nécessairement l'objet, sans les vivre contre sa personne[1].

___ *À retenir* ___

Le manager doit développer une habileté à décoder les schémas de communication à l'œuvre autour de lui pour éviter les jeux relationnels stéréotypés et viser une souplesse relationnelle, tantôt dans la position haute de celui qui tranche, tantôt dans la position basse de celui qui consulte ou essaye de comprendre l'autre sans a priori. Il ne peut empêcher d'être placé dans une position dont la symbolique reste très forte, celle du « chef » ; même si, lui, vit ses collaborateurs comme des pairs, des contributeurs, des partenaires, il doit intégrer qu'il peut en être différemment pour eux et intégrer cela dans son management.

Convaincre ou comprendre ?

Les managers sont garants de l'atteinte de résultats pour leur entité. Pour cela, ils doivent mobiliser beaucoup de force de conviction et entraîner leur équipe avec enthousiasme[2]. Cette force de conviction génère de nombreux comportements positifs, comme le goût du défi, de l'action, la combativité, l'endurance, la galvanisation face aux doutes, la concentration sur l'objectif à atteindre, le dépassement des obstacles, etc. Pour emmener leurs troupes, les managers s'appuient sur des comportements d'explication, d'argumentation, de démonstration.

Toutefois, notamment dans leurs entretiens annuels, ils ont aussi besoin de mobiliser une autre attitude qu'ils ont moins été formés à développer, la compréhension. C'est cette attitude qui est mobilisée

---

1. Ainsi, le manager n'est pas dans la confusion entre valeur personnelle et valeur professionnelle (*cf.* annexe n° 1).
2. Ce qui ne va pas toujours de soi pour eux, d'ailleurs, mais cela n'est pas le propos ici.

quand ils sont en écoute active, quand ils cherchent à sentir ce que la personne peut éprouver (on appelle cela l'empathie). C'est aussi l'attitude qu'ils utilisent quand ils accompagnent leurs collaborateurs dans l'acquisition de nouvelles compétences, surtout si elles sont complexes, comportementales. Cela nécessite que le manager sorte de la centration sur lui-même et sur ses propres normes et représentations. Cela rend obligatoire aussi de ne pas être en position argumentative, car le chemin débute à partir de l'autre et non d'un point de départ théorique qui serait fixé par le manager de l'extérieur. C'est plus déstabilisant que l'énergétique posture de conviction, car cette disposition intérieure requiert d'être capable de lâcher prise. De plus, cette attitude de compréhension va à l'encontre d'un modèle implicite fort en entreprise, valorisant l'action au détriment de la réflexion. Les Orientaux diraient d'ailleurs que c'est tout l'Occident qui est concerné par ce tropisme. Être capable de comprendre nécessite ainsi de croire que l'autre a en lui des solutions, que l'on va les trouver ensemble, même si l'on n'en connaît pas d'avance la nature, et qu'il suffit d'écouter activement sans perdre de vue le but que l'on poursuit pour avancer et réussir[1].

_____ *À retenir* _____

Le manager, pour fonctionner efficacement, doit utiliser deux attitudes principales, la conviction et la compréhension. La conviction est nécessaire pour entraîner, donner du sens, lever les doutes et mobiliser les forces. La compréhension sera nécessaire (en individuel ou en collectif) toutes les fois où la conviction n'aura pas suffi à emporter l'adhésion. Elle sert à décoder ce qui bloque, notamment quand les émotions s'en mêlent, et à élaborer un plan d'action au plus proche des difficultés rencontrées par chacun et de ses ressources.

---

1. *Cf. Au lieu de motiver, mettez-vous donc à coacher !* Éric Albert et Jean-Luc Émery, Éditions d'Organisation, 1999, manuel d'accompagnement *via* les techniques de coaching afin d'aider ses collaborateurs à acquérir de nouveaux comportements.

Les relations et votre pratique

À partir de l'exposé qui précède sur la communication, quels constats faites-vous sur vos propres tendances ?

Avez-vous tendance à surestimer la force de l'argumentation ? à sous-estimer les facteurs non verbaux dans la communication ? à rester plutôt dans les mêmes schémas de positionnement relationnel ?

Vous sentez-vous aussi à l'aise dans la posture de conviction que dans celle de compréhension ?

Quels éléments de plan d'action tirez-vous de cette réflexion ?

....

....

....

....

....

....

Après avoir posé ces jalons théoriques, faisons maintenant un détour pour voir comment ce que les managers et collaborateurs se disent et ressentent sur l'entretien annuel influence les résultats de cet exercice de management.

2

Les préjugés du manager et du collaborateur sur l'entretien annuel

Maintenant que vous possédez quelques repères théoriques sur les représentations et leur impact sur les comportements, ainsi que sur la communication, il vous est plus facile de comprendre que ce que pense un manager de l'entretien annuel influencera sa façon de s'y comporter.

Que va-t-il se passer si le manager pense :

- L'entretien annuel ne sert à rien, l'important c'est d'être au quotidien auprès des gens ?

- L'entretien annuel est pour moi une occasion forte de leur dire et redire tout ce que je veux qu'ils appliquent ?

- L'entretien annuel est sûrement une bonne chose dans d'autres entreprises, mais pour moi, avec les collaborateurs que j'ai, c'est inutile : ils ne disent rien ?

Si en face, ce manager rencontre un collaborateur qui, lui, pense :

- Ce truc-là, c'est de la poudre aux yeux, le chef se fait croire qu'il manage, mais c'est du pipeau.

- De toute façon, au quotidien, il n'est pas disponible, alors une heure d'entretien avec des chichis, moi, ça ne m'intéresse pas ?

- C'est scolaire, il nous dit ce qu'il faut dire pour être dans la ligne du parti, mais il ne s'intéresse pas à nous ?

Comment se déroulera l'échange ? Il y a fort à parier pour qu'ils passent un moment « politiquement correct » mais globalement inefficace et insatisfaisant pour les deux parties.

Nous allons synthétiser maintenant les façons de voir, de sentir et d'agir qui constituent des risques en matière d'entretien annuel. Les visions positives, constructives, les émotions favorables ne nous intéressent pas encore ici, fidèles à notre projet de vous aider à repérer les sources de blocage dans les entretiens annuels (les pensées favorables à cette pratique seront présentées au chapitre suivant p. 49 et 50). Rappelons, en outre, ici le caractère schématique et grossi du propos, pour mieux servir la démonstration.

Si vous voulez mieux comprendre les visions des deux parties sur l'entretien annuel (pour mieux vous situer ou comprendre le fonctionnement de vos collaborateurs, par exemple), nous vous proposons de consulter le tableau synthétique en annexe n° 2. Vous y trouverez les émotions associées à ces différentes représentations, ainsi que les conséquences qu'elles peuvent avoir sur les comportements adoptés par les protagonistes.

Les émotions et représentations des managers

Quand on écoute des managers parler de ce qu'ils pensent sincèrement de l'entretien annuel, s'ils n'y adhèrent pas totalement, cela se résume à peu près à ceci :

Soit ils ne sont pas convaincus de son utilité :

- *Ça n'est pas mon rôle.*
- *Je n'en ai pas besoin, on se parle toute l'année.*
- *Ailleurs c'est sûrement bien, mais pas dans mon service.*
- *C'est bien en théorie, mais inapplicable avec mes collaborateurs…*

Soit ce type d'entretien ne sert à quelque chose *que pour lui* (l'intérêt pour le collaborateur passant au deuxième plan) :

– *Ça sert à passer des messages, à recadrer, etc.*

Soit ils pensent que l'exercice est peut-être théoriquement pertinent, mais difficile à mettre en œuvre de façon satisfaisante « dans la vraie vie » :

– *Mes collaborateurs peuvent se démotiver, quand quelque chose est mal pris.*

– *C'est difficile d'arrêter certaines personnes, etc.*

Si l'on devait repérer les points communs entre ces différentes visions présentées plus en détail en annexe n° 2, on pourrait dire que ce qui gêne les managers se résume à trois points :

- Tout d'abord, le **manque de vision** qu'ils ont de leur rôle de manager et des investissements et renoncements que cela engage de faire pour faire progresser leurs collaborateurs (et pas juste leur chiffre d'affaires).

- Ensuite, le sentiment de **manque de maîtrise technique** de certains ingrédients des relations professionnelles, et notamment des émotions.

- Enfin, ils sont gênés par leurs propres **émotions et modes de pensée**, dont ils ne sont pas toujours conscients (et souvent de l'ordre d'un agacement lié à la pensée que « les choses devraient se passer dans un sens qui leur simplifierait la vie ! »).

Comme nous le montrerons en détail en annexe n° 2, ce manque de clarté sur le rôle dévolu au manager, de maîtrise des relations et des émotions, ont des conséquences à plus ou moins long terme, tant sur les performances que sur les relations professionnelles.

Il est donc pertinent pour les managers de s'améliorer sur ces points. On reviendra de façon opérationnelle sur cette maîtrise technique dans la deuxième partie consacrée aux compétences nécessaires pour mener des entretiens annuels productifs.

En face de ces managers, les collaborateurs ont, eux aussi, leurs visions de ce qu'est l'entretien annuel, de ce à quoi il sert ou pas, de ce que l'on peut en attendre, de ce que cela révèle des relations qu'ils ont avec leur manager, de la façon dont cela illustre bien le fonctionnement de leur supérieur ou les caractéristiques de leur entreprise, etc.

Observons maintenant ce que les collaborateurs peuvent penser, sans faux-semblant, de cet exercice d'entretien annuel.

Les émotions et représentations des collaborateurs

Les visions négatives de l'entretien annuel par les collaborateurs se regroupent en quatre grandes familles, qui sont les suivantes :

* L'entretien annuel ne sert à rien.
* L'entretien annuel sert à nous manipuler.
* Mon chef n'est pas comme il faudrait[1].
* L'entretien annuel est quelque chose d'artificiel.

Deux éléments sont présents, sous-jacents à ces thèmes : d'une part, un questionnement légitime sur les objectifs et les méthodes de l'entretien annuel (manque d'exemplarité des managers, défaut d'écoute de ces derniers, etc.) ; d'autre part, l'existence d'émotions désagréables, du fait de pensées telles que « le monde n'est pas tel qu'il devrait être » (à savoir ici la personne de leur manager ou leur environnement de travail) ou les deux ! Si la remise en question du cadre professionnel a lieu d'être, ces représentations idéales des collaborateurs ont elles aussi à être « challengées ».

Une synthèse de cette double vision et ses conséquences

On trouve ici une congruence parfaite entre les expériences des deux parties :

---

1. *Cf.* l'annexe 1, p. 120 (perfectionnisme).

- elles s'interrogent également sur les buts et les méthodes de l'entretien annuel ;
- elles vivent, à cause de cette vision négative de l'entretien annuel, des sensations pas toujours agréables, dont, évidemment, elles se passeraient bien et qui donnent lieu à des entretiens insatisfaisants.

Imaginons maintenant quelques scènes dans toute leur complexité. En effet, jusqu'à présent, nous avons isolé chaque partenaire. Or, ils sont en interaction permanente. Croisons les pensées de certains d'entre eux et réfléchissons aux risques encourus dans ces circonstances.

Vision du manager	Vision du collaborateur	Risques possibles encourus
Ça ne sert à rien		Les deux partenaires ne se connaissent pas au-delà des rapports quotidiens qu'ils ont ensemble, ils n'investissent pas ce temps pour approfondir ensemble leur relation de travail
		Ils prennent peu de recul sur leur travail, sur la façon dont ils travaillent ensemble et pourraient l'améliorer (ils ne se positionnent pas comme acteurs de leurs relations, mais les subissent)
		Ils perdent effectivement leur temps en entretien annuel et se trouvent confirmés dans le fait que l'on ne peut rien y changer (CQFD !)
Ça sert à manipuler		Chacun est conforté dans sa méfiance mutuelle et veille en entretien annuel à minimiser les pièges dans lequel il tombe et à optimiser, peut-être, ceux dans lequel il cherche à faire « tomber » l'autre
		Ils travaillent en étant toujours sur leurs gardes, ce qui est stressant
		Ils fonctionnent *a minima* et vivent majoritairement des émotions peu agréables
		Les deux parties peuvent avoir du mal à engager de nouveaux chantiers nécessitant de se faire confiance (travail coopératif, innovation)

••• Ça ne sert à rien	Ça sert à manipuler	La méfiance du collaborateur permet au manager de se conforter dans sa pensée et de ne pas expérimenter quelque chose de différent Ainsi rien ne change, et surtout pas en mieux Le risque principal est le désengagement relationnel du manager
Ça sert à manipuler	Ça ne sert à rien	La résistance passive qu'opposera le collaborateur aux manœuvres du manager agacera ce dernier, risquera de dégrader la relation entre eux et augmentera la méfiance du manager envers son collaborateur
Ça n'est pas mon rôle	Mon chef n'est pas comme il faudrait	Chacun est en contact avec son idée de la façon dont devrait être le monde, plutôt qu'avec le monde tel qu'il est, ce qui ne les aide pas à entrer en relation de compréhension et d'ajustement mutuels Cela rend chacun moins habile pour faire face aux changements de ce monde et à ses exigences

Quand on voit ce qui précède, on se dit qu'il est dommage de pratiquer des entretiens annuels insatisfaisants pour les uns et les autres, voire totalement inutiles… D'autant que, dans un certain nombre d'entreprises, cette pratique est obligatoire. On peut donc imaginer que si elle était plus intéressante et utile, voire plaisante, tout le monde y gagnerait !

Évidemment, cela demande un **investissement personnel** de chacune des parties. Ce que personne ne fera à votre place. Nous ne pouvons, dans ce livre, que vous donner quelques clés pour y parvenir plus aisément, l'envie et l'effort restant de votre ressort.

Nous espérons vous avoir démontré que l'intérêt majeur de l'entretien annuel est de se rencontrer vraiment, avec toutes ses aspérités, tout ce qui fait que l'on est différent et que l'on peut toutefois œuvrer à l'objectif commun. Sinon, le risque est que l'on se raconte des histoires sur ce que le monde « devrait » être et n'est, de toute façon, pas. Le danger étant alors que l'on se désole de n'être jamais dans ce monde idéal, que l'on consacre beaucoup d'énergie à la plainte

44

plutôt qu'à l'action et que l'on se stresse soi-même. Ceci étant vrai pour les collaborateurs comme pour les managers.

À retenir

Nous avons insisté dans ce qui précède sur l'influence de ce que l'on se dit (pas toujours très consciemment, il est vrai) sur la façon dont on agit. Heureusement, on peut agir sur ses modes de pensée, en utilisant des grilles de lecture des comportements et de la communication. Une vision et des habitudes de relation s'acquièrent, mais elles peuvent aussi se modifier et être « challengées », c'est-à-dire questionnées, assouplies, comme on le va le voir maintenant. On peut devenir plus conscient de ses automatismes, les mettre au défi du réel en se demandant par exemple : « Jusqu'à quel point ai-je raison de penser comme je le fais ? d'agir comme ça ? Comment pourrais-je voir les choses autrement ? Quels intérêts cela aurait-il ? Les risques seraient-ils si grands que je le crains ? »

Après avoir vu comment la vision que l'on a de l'entretien annuel conditionne nos façons d'y agir, nous allons, dans le chapitre suivant, faire un pas de plus vers la situation concrète de l'entretien annuel et évoquer comment surmonter les difficultés qu'elle pose aux managers. Ensuite, vous pourrez aborder la deuxième partie conçue elle aussi de façon opérationnelle autour des sept compétences comportementales mobilisées par le manager dans l'entretien annuel.

3

Apprenez à surmonter les difficultés en entretien annuel

On a vu dans le paragraphe consacré aux représentations que se font les managers et les collaborateurs de l'entretien annuel que les difficultés tournent autour :

- de son utilité ;
- de la difficulté à gérer la relation,
- de la difficulté à gérer les émotions.

Nous vous proposons trois solutions pour surmonter les difficultés correspondant à ces trois éléments :

- ayez une vision positive de l'entretien annuel ;
- osez cadrer ce temps d'écoute de « feed-back » et d'échange ;
- ayez le courage de faire face aux émotions en jeu dans les relations managériales, et notamment celles mobilisées en entretien annuel.

EN PRATIQUE

Ayez une vision positive de l'entretien annuel

Nous avons démontré que ce que peuvent penser des managers de l'entretien annuel peut les gêner dans cette pratique. Que proposeriez-vous de penser à un manager qui désirerait investir plus cette pratique et la voir plus positivement ?

....
....
....
....
....
....
....
....
....
....

Citons maintenant un certain nombre de visions positives qui peuvent être mobilisées pour faciliter l'efficacité de ce moment fort de management. En mobilisant sincèrement de telles pensées, les difficultés citées devraient se réduire et vous permettre de mettre en place un cadre à la fois ferme sur les buts et souple sur le fond des échanges.

Donc, pour que l'entretien annuel soit un moment fort de management, où chacun puisse dire ce qu'il souhaite et ce qu'il vit dans son travail et faire avancer les choses, il est préférable de penser que :

1. Un entretien annuel bien mené est très utile tant aux managers qu'aux collaborateurs ;

2. L'entretien annuel, c'est s'écouter et se parler vraiment ;

3. Et l'entretien annuel, c'est une occasion où des émotions s'expriment et c'est plutôt bon signe.

On peut aller un peu plus dans le détail :

VISIONS CLÉS DE L'ENTRETIEN ANNUEL	VISIONS DÉTAILLÉES DE L'ENTRETIEN ANNUEL
Un entretien annuel bien mené est très utile tant aux managers qu'aux collaborateurs	Avoir une vision pour son service et donner des objectifs quantitatifs, mais aussi qualitatifs (comportementaux), constitue la mission d'un manager
	Demander à des collaborateurs de progresser sur leurs comportements, même quand tout va bien, relève de l'anticipation, mission capitale du manager aujourd'hui (c'est-à-dire dans un monde complexe aux environnements mouvants)
	L'entretien annuel est un moment fort pour demander des contributions claires et exigeantes à ses collaborateurs : attendre en effet beaucoup d'eux car on croit en leurs capacités et on se tient disponible pour les épauler dans ces défis qu'on leur fixe
	Investir du temps rentable avant, pendant et après l'entretien annuel, pour faire grandir ses collaborateurs et qu'ils deviennent autonomes : leur apprendre à pêcher seuls plutôt que les nourrir soi-même indéfiniment de poissons, et ainsi libérer du temps pour d'autres activités à valeur ajoutée (stratégie, etc.)
	L'entretien annuel constitue une prise de température de la qualité des relations tissées entre le management et les collaborateurs, et plus généralement entre les salariés et leur entreprise, qui méritent d'être collectées et consolidées
	Un entretien annuel est constructif s'il est cohérent avec les méthodes et pratiques de management mises en œuvre toute l'année
	Ne pas attendre un an pour recadrer un collaborateur hors jeu, ni pour encourager ou féliciter quelqu'un qui en a besoin, même si, en entretien annuel, on reparle avec recul des éléments saillants de l'année
	L'entretien annuel sert au collaborateur et au manager à parler du travail, sans « avoir le nez sur le guidon »
	La valeur ajoutée du manager est dans la préparation et l'adaptation de demain (développement des compétences de tous et de la souplesse comportementale de chacun)

L'entretien annuel, c'est s'écouter et se parler vraiment	L'entretien annuel est un moment privilégié pour découvrir ses collaborateurs en profondeur, afin d'enrichir le travail, la performance et le plaisir pris ensemble
	Écouter ses collaborateurs en entretien annuel, c'est se donner des occasions de remettre en question ses *a priori* sur eux et d'être surpris positivement par eux
	Plus le manager apprend en entretien annuel que son collaborateur pense différemment de lui, plus l'entretien est utile s'il accepte d'entendre cette information et ose la challenger si nécessaire
	Même si le manager subit de la pression dans son rôle, il doit prendre soin toute l'année d'observer ses collaborateurs pour réaliser des entretiens annuels étayés, utiles pour qu'ils comprennent ses feed-backs
	La valeur ajoutée du manager réside tant dans l'écoute qu'il offre à ses collaborateurs que dans le feed-back qu'il leur offre sur leurs performances, compétences et dans l'accompagnement de leurs plans de progrès
L'entretien annuel, c'est aussi sentir des émotions et faire sereinement avec elles	L'entretien annuel donne une occasion d'approfondir la relation professionnelle entre un manager et ses collaborateurs et passe nécessairement par des confrontations saines et directes
	Quand une relation ne fonctionne pas bien entre un manager et un des collaborateurs, si le premier n'a pas déjà crevé l'abcès, il doit proposer au second d'aborder sereinement ce sujet en entretien annuel
	Si le manager tient un cadre de respect mutuel, l'entretien annuel peut accueillir l'expression d'émotions de part et d'autre : l'émotion, c'est la vie !

En lisant ces visions positives de l'entretien annuel, retrouvez-vous des choses que vous vous dites ? Certaines de ces pensées vous semblent-elles stimulantes, et si oui, en quoi ?

....
....
....
....
....
....

Pour mener des entretiens annuels constructifs, il faut donc en avoir une vision positive, mais aussi gérer ce temps imparti avec un doigté particulier. Il s'agit de cadrer ce temps et d'en faire un moment de « respiration » de la relation manager/managé, où cette relation va pouvoir se déployer finement.

Donnez un cadre à l'entretien annuel : avant, pendant et après

On vient de voir quelles pensées peuvent vous rendre l'exercice de l'entretien annuel plus pertinent. Ce qui va compléter cette vision positive de l'entretien annuel réside dans un dispositif cadré de cette pratique.

En effet, plus le manager aura une vision claire de l'intérêt des entretiens annuels, plus il lui sera facile d'en assurer une bonne préparation tout au long de l'année. Mais aussi, plus il sera simple pour lui de gérer les dérapages pendant l'entretien et de suivre ensuite les plans d'action après sa tenue.

Pour optimiser l'utilité de l'entretien annuel toute l'année, il sera donc aussi pertinent de poser un cadre préliminaire avec :

- des règles du jeu explicites des droits et devoirs de chacun dans le service ;
- les attendus du manager en matière de performance et de comportement ;
- la vision stratégique du manager pour son entité[1].

Ce cadre devra être explicite, avoir été présenté et expliqué à tous. Il devra évidemment être respecté, en tout premier lieu par le manager lui-même. Ainsi, le manager devra veiller à la cohérence entre ses comportements durant l'année et les messages explicites

---

1. Éric Albert, *Managers, faites-en moins !* Éditions d'Organisation, 2007.

en termes de comportement qu'il véhiculera lors de ses entretiens annuels.

Ainsi, par exemple, s'il demande en entretien annuel à des collaborateurs de mieux gérer ses priorités afin d'être disponible pour gérer les relations avec les clients, il devra, lui-même, en être le vivant exemple toute l'année. Il aura évidemment le droit à l'erreur, mais dans un **cadre d'exemplarité** conçu et assumé comme un outil clé de management.

Plus le cadre préliminaire sera clair dans les faits et dans la tête du manager, plus le manager aura facilité à gérer les dérapages pendant l'entretien. Il aura moins de risques de perdre son but pendant l'échange et recadrera plus aisément. Par ailleurs, plus le manager saura ce qu'il cherche via l'entretien annuel (par exemple, faire adopter de nouveaux comportements à ses collaborateurs), plus le suivi post-entretien sera cohérent, clair et utile.

Apprenez à être un spécialiste de la relation et des émotions

De même que le manager a souvent été un expert dans un domaine technique, il est utile qu'il devienne un expert dans l'encadrement des hommes. Son savoir-faire managérial devient un savoir être, un savoir sur les comportements (n'excluant pas l'éthique).

Valoriser cette nouvelle expertise comporte plusieurs avantages :

* faciliter le renoncement au plaisir de l'expertise passée et son remplacement par de nouveaux savoirs plaisants ;

* rendre plus visible la valeur ajoutée du manager et en faciliter sa reconnaissance ;

* se former à la maîtrise technique et à l'éthique de ses nouveaux savoirs ;

* développer un plaisir à assumer pleinement et consciemment ses nouvelles fonctions avec un cadre mental approprié ;

- mieux se protéger, ainsi, dans les contextes de pression psycholo-gique où le manager doit naviguer et garder le cap.

Gérez les paradoxes de l'organisation tout en donnant du sens à l'entretien annuel

Comme on l'a vu, l'entretien annuel peut ne pas faire l'unanimité, en ce qui concerne son utilité. De plus, **conserver du sens** à l'entretien annuel ne va pas toujours de soi. En effet, le manager doit gérer les paradoxes de l'organisation et ses priorités dans un univers de choix parfois contradictoires. Sa hiérarchie peut, par exemple, lui signifier qu'il doit manager, donc assurer ses entretiens annuels et, dans le même temps, lui donner des priorités autres, comme privilé-gier la gestion de ses relations avec les directions centrales. Il devra donc savoir l'anticiper, arbitrer, et, pour ce faire, il est utile qu'il sache quel est son rôle, sa valeur ajoutée, ses marges de manœuvre et décider en fonction de tous ces paramètres. Le manager devra donc consacrer un temps important à réfléchir aux arbitrages toujours renouvelés qu'il devra faire face à ses priorités contradictoires.

> ___ *À retenir* ___
>
> *Il sera utile au manager, dans un contexte de tension, de penser cette pression comme inhérente à sa fonction et de se doter de moyens de recul pour ne pas sombrer dans le « sur-stress »*[1].

Menez à bien les entretiens difficiles

Tout manager peut perdre, à un moment ou à un autre, le contact avec son interlocuteur pendant l'entretien. Quelle différence alors entre celui qui a travaillé sa nouvelle compétence de « spécialiste de la relation » et les autres ? Celui qui sait que la forme est aussi impor-tante que le fond pourra tout simplement exprimer qu'il a perdu le

---

1. Laurence Saunder, *L'énergie des émotions*, Éditions d'Organisation, 2007.

fil et le retrouver avec l'aide de son collaborateur. Il ne se dira pas qu'il doit être un superman et acceptera de se montrer faillible.

De plus, le manager qui sait que l'autre est différent, que ce qui est dit importe autant que la façon de le dire pourra plus facilement gérer les cas « difficiles » de l'entretien annuel, à savoir les bavards et les silencieux. Il pourra se questionner sur ce que se dit chacun, plutôt que de s'agacer que ses collaborateurs ne soient pas « comme il faudrait » ou « comme il voudrait ».

Ainsi, on pourra avoir une séquence comme celle-ci face à un collaborateur qui dérive :

Manager : *J'observe, Jacques, que cela fait déjà deux fois que je te pose une question sur la façon dont tu t'y prends avec tes deux clients et que tu me donnes des renseignements sur de nombreux aspects passionnants de X et Y, mais sans me répondre. J'aimerais que tu me dises maintenant comment tu gères tes rendez-vous avec eux.* [Technique de recadrage]

Ce manager ne s'énerve pas, ne juge pas son collaborateur, mais le recadre tranquillement sur le sujet.

Prenons maintenant l'exemple d'un manager face à un collaborateur qui a du mal à s'exprimer, on peut imaginer de lancer ainsi l'entretien :

Manager : *Je vous remercie d'avoir pris ces deux heures comme je vous l'avais proposé. Avez-vous pu préparer l'entretien comme vous le souhaitiez ?*
Collaborateur : *Oui, tout à fait, mais je ne sais pas quoi dire…*
Manager : *C'est-à-dire ?*
Collaborateur : *Eh bien, ça va bien globalement, je n'ai pas à me plaindre.*
Manager : *Le but de cet échange est non seulement de faire le point sur l'année écoulée et de tracer des axes pour le futur, mais aussi d'évoquer très concrètement comment vous vous sentez dans le poste, comment vous vivez les relations au jour le jour, vos aspirations. C'est aussi l'occasion de poser des questions que vous n'avez pas le temps de me poser au quotidien, de donner du sens à votre travail par rapport à la stratégie de l'entreprise. Aussi, il s'agit de dire ce qui vous déplaît, mais aussi ce qui vous satisfait. Si nous commencions ainsi en listant vos motifs de satisfaction et d'insatisfaction, qu'en dites-vous ?* [Technique de cadrage]

Collaborateur : *D'accord.*

Il se met alors à parler et le manager l'écoute et le relance pour qu'il précise certains points…

Le manager qui sait gérer la relation, sait donc parler, si nécessaire, de la relation en cours avec son collaborateur, et pas juste du fond des affaires en cours. Il saura, si la mise en confiance initiale est insuffisante, évoquer des hypothèses sur ce que l'autre ressent peut-être. Par exemple : « Je me demande si tu n'oses pas dire certaines choses, si tu n'as pas des craintes, dont tu n'arrives pas à me parler. » Cette technique s'appelle de la **verbalisation**. Elle consiste à mettre des mots sur les émotions et offre la possibilité à l'interlocuteur de saisir la perche pour en dire plus (ou pas). Même si la personne choisit de ne pas en dire plus, elle aura pu percevoir l'intention positive du manager, et cela l'encouragera peut-être à « ouvrir la porte » à un moment ultérieur qu'elle choisira.

Écoutez les émotions

Le manager « relationnel » va aussi savoir repérer ce qui l'affecte dans ce qui lui est dit, ainsi que faire des hypothèses sur ce qui affecte l'autre en plein entretien. Cela nécessite bien sûr de l'entraînement, mais constitue indubitablement un nouveau savoir qui va changer le cours des entretiens. Prenons-en des exemples.

Entendez votre propre colère

Imaginons tout d'abord un manager qui est agacé par le comportement de l'un de ses collaborateurs. La tendance la plus fréquente sera de masquer cette émotion et de faire comme s'il ne la ressentait pas, les émotions ayant souvent mauvaise presse dans le monde professionnel. C'est une erreur, car l'inverse se produit généralement : souvenons-nous que la communication non verbale est souvent plus éloquente que les mots. De plus, l'émotion contenue peut augmenter en force et risquer de s'exprimer au pire moment, quand notre contrôle s'est relâché. Le manager à l'« intelligence émotionnelle »[1] affûtée abordera le sujet sereinement, en pariant sur sa capacité à sortir de l'échange avec son interlocuteur quelque chose de productif. Cela pourrait s'illustrer ainsi :

Manager : *Cela fait plusieurs fois que je te pose une question et je commence à m'irriter parce que j'ai tendance à me dire que si tu ne me réponds pas, c'est que tu ne veux pas que l'on avance ensemble sur ce sujet.*

Collaborateur : *Si, mais j'ai l'impression d'être bloqué dans cette situation.*

Manager : *Donc, si je comprends bien, tu es d'accord pour que l'on trouve des solutions à ce problème, mais tu as l'impression d'être dans une impasse, c'est ça ?* **[Reformulation neutre]**

Collaborateur : *Oui, c'est ça, ce n'est pas de la mauvaise volonté, mais j'ai l'impression d'avoir déjà tout retourné cinquante fois et que rien n'en sort...*

Manager : *Qu'est-ce qui te fait dire que tu es bloqué ? Qu'est-ce qui te donne cette impression ?* **[Relance]**

On voit bien ici que le manager sait identifier ses émotions et ses représentations et ose les partager avec son collaborateur. Il utilise la technique de **reformulation**, pour être sûr qu'ils sont bien en phase et pour progresser vers son but.

Entendez la colère de l'autre

Les managers sont souvent plus à l'aise dans la confrontation aux émotions de type « colère » chez les autres. En effet, ils sont souvent habitués à se mesurer avec leurs clients, leurs fournisseurs et les organisations du personnel. Toutefois, ils ont plutôt tendance à contre-attaquer, donc à argumenter, et pas à essayer de comprendre plus avant de ce que vit l'autre en face. Ils augmentent donc le risque de passer en relation d'escalade symétrique, ce qui ne résout rien. Ici encore, il est conseillé d'accueillir ce que l'autre nous fait la confiance de nous dire et d'approfondir à partir de là. On pourra avoir une séquence comme suit :

---

1. Dans son ouvrage, *L'intelligence émotionnelle. Accepter ses émotions pour développer une intelligence nouvelle* (J'ai lu, 1998), Daniel Goleman a théorisé ce type d'intelligence, qui complète l'intelligence scolaire qui est trop souvent privilégiée.

Manager : *Cela fait plusieurs fois que je te vois hausser les sourcils ou soupirer quand je te parle et je me demande ce qui se passe...*

Collaborateur : *Je suis énervé.*

Manager : *Tu peux m'en dire plus...* **[Technique de relance]**

Collaborateur : *Ça m'agace parce que chaque année tu pars sur de bonnes intentions pendant l'entretien annuel et après, tu n'es pas disponible pour nous, alors j'en ai un peu assez.*

Manager : *Je te remercie de ta franchise, tu me dis que tu as l'impression que ce que l'on fait ne sert à rien, parce qu'après je ne suis pas assez auprès de vous, c'est ça ?* **[Le manager accuse réception des propos de l'autre et reformule ici de façon un peu exagérée sur l'idée que l'entretien ne sert à rien, afin de faire réagir son collaborateur.]**

Collaborateur : *Non, ce que l'on se dit ne sert pas à rien, mais après, moi, j'imagine que des choses vont changer et, toi, tu ne changes pas, tu t'occupes toujours plus des relations avec l'Europe que de nous. Remarque, je le comprends aussi, mais je préfère me taire maintenant, plutôt que d'être déçu.*

Manager : *Si je comprends bien, tu as l'impression que je ne suis pas assez présent et que ça ne peut pas changer, c'est ça ?* **[Reformulation exagérée]**

Collaborateur : *Oui, c'est ça.*

Manager : *Je te confirme que mes nouvelles fonctions m'occupent bien, mais ce que tu me dis est important pour moi et je veux que l'on trouve une solution à ta préoccupation. Peux-tu me donner un exemple où j'ai manqué à l'appel, afin qu'on l'analyse ensemble et que l'on voit comment faire autrement ?* **[Verbalisation du manager sur l'importance de l'enjeu pour lui (ça valorise le collaborateur) et relance pour creuser le problème à partir d'un exemple, afin de le résoudre.]**

Collaborateur : *Sur la présentation du dossier X au groupe de travail Y...*

On voit là que le manager garde son calme et une certaine forme de distance, ce qui ne l'empêche pas de garder son objectif, de verbaliser l'importance qu'a pour lui l'aveu du collaborateur et de progresser dans la recherche commune de solutions.

Soyez sincère

Il est clair qu'il s'agit ici d'adopter un management où les émotions sont sincèrement vécues et affichées. Pour autant, le manager ne pourra pas tout montrer, par exemple dans le cas où il dispose d'informations qu'il doit conserver confidentielles. Ce qui ne l'empêche pas d'accueillir l'émotion de ses interlocuteurs, et même d'exprimer la sienne dans cette situation, tout en conservant et son authenticité et la confidentialité des informations à préserver. On pourra ainsi observer la séquence suivante :

Collaborateur : *J'ai entendu des bruits sur la réorganisation…*

Manager : *Et tu te dis… ?* [Technique de relance centrée sur les représentations du collaborateur]

Collaborateur : *Eh bien, j'aimerais bien savoir de quoi il retourne. Comme les autres, je suis un peu inquiet aussi, par rapport à mon emprunt récent et aux rumeurs de mobilité…*

Manager : *Je comprends bien ta préoccupation et sache que si je pouvais t'informer tout de suite, je le ferai, mais cela n'est malheureusement pas possible. C'est d'ailleurs toujours un moment difficile dans mon métier, crois-le bien…* [Le manager manifeste sa compréhension et s'autorise à exprimer aussi ses émotions]

Collaborateur : *Bien sûr, mais quand penses-tu que l'on pourra savoir quelque chose ?*

Manager : *Je ne peux rien te répondre, même à cette simple question, j'en suis désolé. Dès que ça sera possible, je reviendrai immédiatement vers vous tous, parce que je sais que c'est difficile de rester dans l'incertitude.*

Le fait d'avoir un parti pris de sincérité ne signifie pas être naïf. Ainsi, on peut très bien traiter les questions qui semblent exprimer une intention de manipulation chez l'autre, en le lui verbalisant. En revanche, quand on parle ici d'authenticité, on parle bien de *vrais* ressentis et pas de simulation. N'oublions pas la clé de la communication non verbale. Aussi vaut-il mieux être un manager peu démonstratif qu'un manager qui joue à représenter un personnage qu'il n'est pas.

Accueillez les émotions de tristesse ou de découragement chez votre collaborateur

Un autre cas délicat en entretien annuel, qui déroute beaucoup les managers, survient quand, tout à coup, un collaborateur est en proie à une émotion comme la tristesse ou le découragement. Par exemple, quand les larmes du collaborateur pointent ou quand il ose dire qu'il se sent abattu. Il est vrai que c'est une situation à laquelle on ne se prépare pas dans les écoles ! Le manager va ressentir de l'anxiété pour faire face à une telle situation, surtout s'il est animé d'un schéma de pensée de type « urgence du temps » (*cf.* annexe n° 1). Il risquera alors d'agir précipitamment en donnant des conseils souvent à côté du sujet ou en préconisant des plans d'action, eux aussi potentiellement plaqués.

Ici aussi, la simplicité doit prévaloir. Le manager doit tout simplement accueillir ce qui se passe. Il pourra dire comment il en est affecté et proposer au collaborateur de décider s'il souhaite interrompre l'échange (quitte à le reprendre sur le fond plus tard) ou s'il désire continuer, après avoir repris ses esprits. Cela pourra donner quelque chose comme cela :

Collaborateur (touché par une observation du manager, les larmes aux yeux) : silence…

Manager : *Je vois que ce que je t'ai dit t'affecte. Mon but n'était pas de te heurter, mais de te dire la vérité avec respect, pour que tu progresses.* [**Précision sur ses intentions**]

Collaborateur : *Je sais que tu ne le dis pas pour me descendre, mais ça m'ennuie vraiment que mon travail ait pu être perçu de cette manière négative, alors que j'y ai bossé comme un fou.*

Manager : *J'entends que tu me dis que tu comprends mon intention, mais que ce qui est dur à avaler c'est de se prendre un retour négatif, quand on a été totalement impliqué dans quelque chose, c'est ça ?* [**Reformulation neutre**]

Collaborateur : *Oui, d'autant que je n'ai rien vu venir.*

Manager : *Veux-tu que l'on creuse ce point ou préfères-tu digérer ça pour l'instant et y revenir plus tard ?* [**Le manager fait l'hypothèse que le collaborateur s'est surimpliqué et a mal géré sa communication autour du projet ; toutefois, il sait se retenir et l'abordera quand le collaborateur pourra revenir dessus.**]

Collaborateur : *Je préfère dormir dessus et que l'on en reparle en fin de semaine.*

Manager : *OK, ça me va.*

Pratiquez la « purge » relationnelle

Nous venons d'évoquer des situations où le collaborateur accepte tout de suite la proposition du manager de « parler vrai ». Il est évident que cela ne se met pas en place d'emblée, qu'il faut instaurer un cadre favorable (*cf.* « Donnez un cadre à l'entretien annuel : avant, pendant et après », p. 51 et 52). Le manager ne peut ici que créer des conditions pour que chacun s'exprime et partage le maximum de ce qu'il amène dans son travail, sans évidemment que cela puisse avoir force de loi.

Il y a des cas de figure où la relation entre le manager et un de ses collaborateurs n'est pas bonne ou s'est dégradée avec le temps. Pourtant, il faut bien travailler ensemble, et plutôt dans le même sens. Le manager pourra avoir envie de pratiquer avec ce type de personnes une « purge » relationnelle, avant de pouvoir éventuellement prétendre à des entretiens annuels constructifs ensemble et des relations de travail assainies. Le terme est destiné à fixer les idées, et non pas à être pris au pied de la lettre, bien entendu.

Il s'agit d'avoir un entretien préliminaire à l'entretien annuel et de se dire les choses sur ce qui ne va pas des deux côtés. Le cadre en est fixé à partir de faits précis, et le collaborateur est invité à s'exprimer le premier. S'il refuse, le manager peut alors dire comment, lui, vit les choses, ce qu'il souhaite voir changer et la part qu'il estime avoir dans le processus. Ici, encore, il ne s'agit en rien de contraindre un collaborateur à dire ce qu'il ne voudrait pas dire, mais de l'inviter à s'exprimer sur une relation insatisfaisante et de lui proposer de la modifier pour un bénéfice mutuel. Comme le disait un des managers avec lequel j'ai travaillé : « On travaille au moins huit heures par jour ensemble, alors si, en plus, c'est pour se faire la gueule, ça ne vaut pas la peine ! » Quand une relation est dégradée, un collaborateur peut ne pas avoir envie d'améliorer la relation avec l'autorité que vous représentez ou même de vous rendre la vie facile, mais il peut être sensible à faire baisser son propre degré d'inconfort.

Observez-vous en situation

Enfin, le manager qui considère la relation comme un ingrédient clé de son management saura également s'observer lui-même et se donner des axes de progrès sur ses façons de procéder en entretien annuel. Par exemple, un manager qui se sait enthousiaste peut avoir tendance à trop monopoliser la parole et à ne pas laisser assez d'espace à ses collaborateurs. Le sachant, il sera plus conscient de ses tendances et les corrigera d'autant mieux. Pour mieux opérer ce travail d'analyse, vous pouvez vous inspirer de la fiche technique d'auto-analyse de vos entretiens annuels en annexe 3.

> ___ *À retenir* _____
>
> • *Pour que chaque partie puisse tirer profit d'entretiens annuels utiles et plaisants, il est souhaitable de remettre en question la vision que l'on a de l'exercice : plus cette vision est positive, plus on aura tendance à adopter des comportements en rapport et à induire du positif chez ses interlocuteurs. Ça n'est évidemment pas magique, mais ça crée déjà une impulsion constructive.*
>
> • *En cohérence avec la vision que l'entretien annuel est utile, voire riche, et apprend beaucoup sur le travail, surtout quand on y confronte avec l'autre ses différences de perception, l'entretien devient déjà plus facile à gérer.*
>
> • *Si, en outre, on l'inclut dans un management cohérent durant toute l'année et que l'on accepte de devenir un **spécialiste de la relation et des émotions**, alors cet exercice trouve toute sa place comme moment phare du management individuel, au service de la performance et du plaisir au travail.*

Pour vous aider à développer ces compétences que nous venons de décrire, nous vous proposons maintenant d'utiliser les connaissances qui vont suivre en auto-coaching. C'est-à-dire que nous vous invitons, à partir des constats que nous allons vous aider à faire, à définir votre propre plan d'action pour améliorer votre pratique de l'entretien annuel.

II

GUIDE PRATIQUE
SUR LES SEPT COMPÉTENCES
CLÉS DU MANAGER

Que vous pratiquiez déjà les entretiens annuels en tant que manager ou que vous envisagiez de le faire, nous vous proposons tout d'abord de réfléchir pour repérer quelles sont les compétences managériales qui mériteraient d'être développées chez vous. Ensuite, seront présentées les sept compétences à maîtriser pour réaliser des entretiens annuels profitables. Cela vous aidera à dresser votre plan d'action personnalisé.

4

L'auto-analyse
des compétences
pour mener à bien
vos entretiens annuels

Analysez vos compétences

Avant la passation du questionnaire situé en annexe 3, nous vous suggérons de vous interroger sur votre pratique des entretiens annuels, si vous en menez.

• Quels sont les éléments (en général) que vous appréciez dans ces entretiens quand ils se déroulent bien ?

....
....
....
....
....
....

• Quels sont les éléments sur lesquels vous avez l'impression de buter réguliè-rement, quels que soient les collaborateurs en cause ?

....
....
....
....
....
....

• Si vous synthétisez ces réflexions, vous diriez que vos deux points forts en entretien annuel sont :

a. ....

....

....

b. ....

....

....

• Quelles sont les conséquences positives et négatives, selon vous, que présentent ces qualités en entretien annuel ?

....

....

....

....

....

....

• Si vous synthétisez ces réflexions, vous diriez que vos deux axes à améliorer en entretien annuel sont :

a. ....

....

....

b. ....

....

....

• Quelles sont les conséquences positives et négatives, selon vous, que présentent ces défauts en entretien annuel ?

....

....

....

....

....

....

Vous allez maintenant pouvoir croiser l'analyse ci-dessus avec les résultats de notre questionnaire situé en annexe n° 3 (p. 133). Nous attirons votre attention sur le fait qu'il ne s'agit pas d'un test aux qualités métriques validées, mais d'une mise en forme de questions, destinée à vous aider à repérer (plus finement que si vous l'aviez fait seul) les axes comportementaux sur lesquels il peut être pertinent de travailler[1] pour améliorer vos entretiens annuels.

EN PRATIQUE

Reportez-vous maintenant page 133 pour la passation. À la lecture de vos résultats à l'auto-questionnaire :
• Vous reconnaissez-vous dans les points forts et axes d'amélioration qui y sont mentionnés ?
• Y a-t-il des éléments qui vous surprennent ? Et cela dans les deux sens ?
• Comment décidez-vous d'en tirer profit pour votre plan d'action ?

....
....
....
....
....
....

Vous trouverez en fiche technique 7 de quoi récapituler votre plan d'action, suite à votre travail d'analyse personnelle.

Maintenant, nous vous proposons de découvrir en détail chacune des compétences mobilisées dans l'entretien annuel, en espérant que cela vous inspirera pour agir et vous améliorer.

---

1. Dans le cadre de votre projet d'amélioration de vos entretiens annuels, il serait en outre pertinent d'opérer une **enquête auprès de vos collaborateurs, collatéraux** (homologues, managers comme vous) **et de votre supérieur direct**, pour leur demander leur vision de vos points forts et des axes généraux d'amélioration en management et en entretien annuel (pour ceux qui vous y côtoient). Cette enquête serait évidemment réalisée un peu à distance des entretiens, mais pas trop, pour que des exemples concrets puissent étayer les propos de vos interlocuteurs. Ces interviews auraient l'avantage d'être un « test » en grandeur nature de la qualité des relations que vous avez autour de vous. Autrement dit, s'ils ne répondent pas ou pas clairement, cela vous éclairera sur leur fonctionnement, ainsi que sur la manière dont on peut parler avec vous !

5

Les sept compétences clés de l'entretien annuel

Nous venons de voir que sept compétences comportementales sont utiles pour maîtriser les entretiens annuels ; rappelons-en la liste, avant d'en examiner chaque dimension en détail :

- avoir une vision pour fixer des objectifs clairs ;
- prioriser pour optimiser sa valeur ajoutée ;
- observer pour analyser ;
- dire les choses clairement et cadrer pour des échanges fructueux ;
- écouter activement pour connaître l'autre ;
- gérer les émotions et les divergences de points de vue pour se nourrir des différences ;
- accompagner ses collaborateurs pour développer leur autonomie.

Chaque compétence sera présentée ainsi :

- définition et rappel de l'importance de cette compétence pour l'entretien annuel ;
- représentations qui bloquent et facilitent cette compétence (sous forme de tableau) ;

- risques encourus si cette compétence est trop développée ou pas assez (sous forme de tableau) ;
- suggestion de plan d'action à mettre en pratique pour améliorer chez vous cette dimension.

Attention ! Les éléments de plan d'action, qui sont mentionnés à chaque paragraphe, ne sont évidemment qu'indicatifs. Le principal est que vous ayez réalisé **votre** observation de vos fonctionnements afin d'en définir des axes précis à travailler. Ensuite, vous pouvez piocher des idées dans nos suggestions, mais n'utilisez nos recommandations que si vous le jugez utile, et pas à la lettre !

Ayez une vision pour fixer des objectifs clairs

Une définition

Avoir une vision pour son entité, c'est être capable de définir et de faire partager son rôle et ce qui est attendu d'elle et des collaborateurs dans un cadre qui tienne compte de la stratégie globale de l'entreprise. Cette compétence stratégique est indispensable pour fixer des objectifs clairs qui aient du sens et qui aident les collaborateurs (et le manager !) à se focaliser sur l'essentiel.

Les enjeux

Citons en préambule, Denis Olivennes, PDG de la FNAC[1] : « *[...] le dirigeant, délivré de l'opérationnel au quotidien, doit être concentré sur la vision globale ; mais à condition de donner de la cohérence et de savoir renoncer. Alors et alors seulement, il peut remplir ce rôle essentiel : ne jamais céder sur l'exigence, laquelle, dès lors, devient légitime.* »

---

1. In *Managers, faites-en moins* ! Éric Albert (*op. cit.*), p. 3 : cet ouvrage présente le concept de CSI : cohérence stratégique interne, qui vous permet d'approfondir votre réflexion sur le thème de la construction de votre vision d'entité.

C'est en effet la clarté de la vision portée par la direction et relayée par le management qui aide à prioriser et mettre toutes les énergies au service de la performance et de la valeur ajoutée. Le manager doit aider son équipe à trier ses actions, à se questionner sur ses processus d'action afin d'avoir toujours en tête l'amélioration de la performance individuelle et, surtout, collective. Pour l'aider dans cette tâche consistant à traquer la valeur ajoutée afin de la faire grandir, le fait qu'il sache précisément où il va et comment il y va l'aide à clarifier le paysage et à donner du sens au voyage prévu. Évidemment, il est de son ressort de challenger sa propre hiérarchie, pour mieux comprendre et adhérer lui-même aux options stratégiques définies par les comités exécutifs. Cette compétence d'influence trouve tout naturellement à s'exprimer lors des entretiens annuels.

Les représentations qui bloquent et facilitent la clarté de la vision

REPRÉSENTATIONS POSITIVES	REPRÉSENTATIONS NÉGATIVES
Avoir une vision et la faire partager me permet de fédérer les énergies et d'atteindre le but commun	La vision de mes supérieurs n'est pas la bonne, alors, moi, je m'y réfère au minimum
Avoir une vision de mon entité contribue à engendrer des rêves et à clarifier les buts que je m'assigne pour les atteindre	Mon rôle n'est pas d'avoir une vision pour mon équipe, c'est le job de mes supérieurs
Avoir une vision de mon entité et de mon rôle de manager me permet de trier l'essentiel de l'accessoire	Mon rôle est de gérer le quotidien : à mes collaborateurs de savoir ce qu'ils ont à faire
Avoir une vision de mon entreprise et de son contexte, c'est donner plus de sens et de valeur au travail quotidien de chacun	Je n'ai pas le temps de donner de la hauteur à ce que l'on fait
Avoir une vision partagée permet à mes collaborateurs de se focaliser sur leurs priorités	Comme tout bouge tout le temps, une vision se démode trop vite, donc ne sert à rien

Les risques encourus si la clarté de la vision
est trop développée ou pas assez

UNE VISION DU MANAGER TROP DÉVELOPPÉE	UNE VISION DU MANAGER PAS ASSEZ DÉVELOPPÉE
Si sa vision n'est pas concrétisée, elle risque de se substituer à l'action	Le quotidien prend le dessus, le manager a l'impression de ne rien maîtriser mais de subir (risque de sur-stress)
Si le manager passe trop vite d'une vision à l'autre, il risque de dérouter l'équipe	Comme il n'y a pas de vision claire, chacun tire de son côté et dégrade la performance collective
Si le manager « plane » trop, il risque de perdre le contact avec le réel	Risque de démobilisation des collaborateurs qui ne comprennent plus à quoi ils contribuent !
Si le manager ne fait qu'être visionnaire, il y a un risque d'abandon de l'équipe, qui a aussi besoin d'être guidée et rassurée de près	Si le manager ne réfléchit pas pour améliorer les façons de travailler, ne se met pas à l'écoute du contexte et n'anticipe pas l'avenir, il hypothèque l'adaptation future

Des suggestions de plan d'action[1]

Nous vous invitons, pour développer votre capacité à être porteur d'une vision, à réfléchir à partir des questions suivantes :

Quelques questions à vous poser en ce qui concerne votre vision d'entité

- Quelle idée me fais-je de grands visionnaires ? Quelles caractéristiques communes avaient-ils ? Lesquelles ai-je le sentiment de posséder, en matière de définition et de transmission de ma vision ?

- Plus concrètement, quelle est mon analyse de notre environnement d'entreprise, de nos enjeux, des éléments incontournables de notre contexte ?

---

1. Vous pouvez prolonger vos réflexions sur la « vision » en lisant le cas Dutant Pourien en annexe n° 4, p. 140-143.

- Quelle est ma compréhension de la stratégie de mon entreprise ? Comment est-ce que j'y adhère ? Comment je me positionne si j'ai du mal à y adhérer ? Ai-je discuté avec mes supérieurs pour augmenter mon adhésion aux axes stratégiques retenus ? Si je suis en retrait (c'est-à-dire si j'applique, mais n'adhère pas), quelles conséquences cela peut-il avoir sur mon équipe ? Sur nos performances ? Sur mon engagement au travail ?

- Si j'adhère aux axes stratégiques définis, comment je décline cette compréhension dans mon entité :
  - en objectifs opérationnels ?
  - en règles de fonctionnement collectif ?
  - en comportements prioritaires à acquérir ou à développer ?

- Ai-je présenté et « vendu » cette vision autour de moi :
  - en termes mobilisateurs, en une phrase facile à retenir qui ait du souffle et qui donne envie que l'on me suive ?
  - ai-je fait participer mes collaborateurs à cette définition et présentation afin qu'ils s'en emparent ?
  - leur ai-je proposé de définir en détail les plans d'action pour mettre en œuvre cette vision ?
  - ai-je été clair dans ma présentation ?

- Est-ce que je fais vivre au quotidien cette vision, et si oui, comment ?

- Comment ma vision d'entité s'exprime-t-elle lors de mes entretiens annuels (objectifs, règles de fonctionnement…) ?

Quelques questions à vous poser en ce qui concerne la vision de votre rôle de manager

- Quelle vision ai-je de mon rôle de manager ?

- Quelles sont les conséquences (positives ou négatives) à penser mon rôle comme je le fais ?

- Mes comportements au quotidien correspondent-ils à la vision que j'ai de mon rôle de manager ?

- Comment est-ce que je transmets ma vision de mon rôle de manager au quotidien et en entretien annuel ?
- Comment est-ce que je donne du sens à mon rôle ?
- Quels renvois me font mes supérieurs et mes collaborateurs sur mes points forts et mes axes de progrès en management ? Comment cela résonne-t-il avec la vision que j'ai de ce management ?

Des éléments de plan d'action[1]

Qu'est-ce que je tire comme axes concrets de plan d'action des éléments de réflexion précédents :

- Je fais quoi ? Avec qui ? Dans combien de temps ? Comment ?
- À quoi est-ce que je renonce pour consacrer du temps à ce comportement ?
- Pour viser quoi précisément ? Comment vais-je mesurer que j'ai atteint l'objectif prévu ?

Priorisez pour optimiser votre valeur ajoutée

Une définition

La priorisation est une forme de prise de décision où l'on estime, à partir de critères identifiés, qu'une tâche ou un rôle seront assurés avant d'autres. C'est cette compétence qui rend possible que vous organisiez votre disponibilité, renonciez aux tâches de moindre valeur ajoutée managériale, pour vous consacrer à ce qui a le plus de prix pour vous, à un instant T. Ainsi, par exemple, un manager qui priorise tient ses engagements de tenue des entretiens annuels. On peut être amené à réaliser ainsi des arbitrages changeants, mais toujours avec la conscience des règles de tri qui nous guident. Le manager peut dès lors s'expliquer clairement sur ses priorités et sur ce pourquoi elles peuvent aussi changer dans le temps[2].

---

1. Vous pouvez prolonger vos réflexions sur la vision d'entité et la stratégie en lisant l'ouvrage d'Éric Albert, *Managers, faites-en moins !* Éditions d'Organisation, 2007.
2. Pour ceux qui voudraient compléter leurs lectures opérationnelles sur le sujet, nous conseillons la lecture du chapitre « Hiérarchiser » du *Manager durable*, Éric Albert (Éditions d'Organisation, 2004), p. 111 à 124.

Les enjeux

Cinq raisons justifient de développer cette compétence en tant de manager :

- Parce que les journées n'ont que 24 heures, qu'il y a une vie après le travail et que l'on ne peut pas tout faire !
- Parce qu'une fois une vision définie pour son entité, il faut la mettre en œuvre, ce qui nécessite de faire des choix, d'opérer des renoncements, en cohérence avec cette vision.
- Parce qu'en tout, il faut distinguer l'essentiel de l'accessoire, l'urgence réelle et l'importance véritable et que l'entretien annuel est un bon moment pour y réfléchir avec du recul.
- Parce qu'il faut optimiser la valeur ajoutée de chacun à son poste, et en particulier celle du manager.
- Parce que le rôle du manager est d'aider ses collaborateurs à se concentrer sur l'essentiel et qu'il doit leur montrer l'exemple en le faisant lui-même.

Les représentations qui bloquent et facilitent la priorisation

REPRÉSENTATIONS POSITIVES	REPRÉSENTATIONS NÉGATIVES
Si je ne renonce pas à tout faire, je ne laisse pas assez mes collaborateurs prendre la place qui leur revient	On doit tout faire Je dois tout faire
Si je montre l'exemple en sachant prioriser, j'induis un comportement identique chez mes collaborateurs	Je dois en faire toujours plus
Si je sais résister intelligemment à la pression de mes chefs qui veulent que j'en fasse toujours plus, je suis dans mon rôle	C'est à mes équipes de savoir trier et se gérer eux-mêmes : je n'ai pas à être toujours dans leur dos
J'ai du plaisir dans mon travail en le faisant, mais aussi en me questionnant sur ce que je fais ; et si une tâche peut être déléguée ou faite autrement, j'y renonce volontiers	Si j'en fais beaucoup et toujours plus, c'est signe que je suis important et reconnu par mon entreprise
Si je sais prioriser, je préserve mon capital santé et mon équilibre de vie	Si je dis non à quelqu'un, alors c'est forcément grave

Les risques encourus si la priorisation
est trop développée ou pas assez

UNE PRIORISATION DU MANAGER TROP DÉVELOPPÉE	UNE PRIORISATION DU MANAGER PAS ASSEZ DÉVELOPPÉE
Risque de toujours faire prévaloir vos priorités plutôt que celle de votre équipe (attention à la lassitude de vos collaborateurs et au risque qu'ils ne vous sollicitent plus et fonctionnent en roue libre)	Stress, puis épuisement professionnel pour vous
Risque de ne pas réaliser l'ensemble des tâches requises par votre fonction et de ne vous concentrer que sur certaines d'entre elles (les plus agréables pour vous, les plus visibles par votre hiérarchie…)	Perte du discernement sur l'essentiel et l'accessoire, perte de disponibilité pour analyser ce qui demande de la hauteur de vue dans votre travail, et, par conséquent, difficulté à préparer l'avenir
Risque d'opérer des délégations inopportunes, par manque d'analyse suffisante de leurs conditions de réalisation et, par conséquent, performance laissant à désirer et risque de démotivation des collaborateurs concernés	Mauvais exemple pour vos collaborateurs à qui vous transmettez le message implicite qu'il faut tout faire et que tout est sur le même plan d'importance : vous ne les aidez pas à développer leur recul et leur autonomie

Des suggestions de plan d'action[1]

L'analyse de vos représentations et émotions bloquantes

- Réfléchissez sur ce que vous vous dites et sur ce que vous ressentez à l'idée de :

  - plus trier parmi vos tâches ;

  - renoncer à certaines d'entre elles ;

  - dire non à certaines sollicitations ou les différer.

Qu'est-ce qui m'empêche de prioriser plus si, intellectuellement, j'en comprends l'intérêt ? (Quels sont mes freins et mes bénéfices à ne pas le faire ?)

---

1. Vous pouvez prolonger vos réflexions sur la priorisation en lisant le cas Dussolide en annexe n° 4, p. 143-146.

- Remettez-vous en question sur vos façons de penser en vous demandant : jusqu'à quel point ai-je raison de penser comme je le fais ? Pourrais-je penser différemment ? Et si je pensais autrement, quelles conséquences cela aurait-il ?[1]

- En conclusion de ce travail d'introspection, si je pouvais faire différemment (en priorisant plus, par exemple) quelles conséquences cela aurait-il (rapport coût/bénéfice du changement) ?

- Observez ensuite la façon dont vous vous y prenez sur quelques exemples différents et repérez les régularités comportementales, autrement dit : avez-vous toujours les mêmes tendances ? Et, si oui, identifiez ce que vous vous dites sur ce qui vous fait agir ainsi ?

- Comment votre capacité de priorisation s'exprime-t-elle dans vos entretiens annuels ?

L'analyse de votre emploi du temps et de vos contributions

- Analysez, à partir d'une semaine passée récente, les tâches auxquelles vous vous êtes consacré et distinguez parmi elles :

  - celles que quelqu'un d'autre aurait pu assurer (quitte à le former ou l'informer préalablement) ;

  - celles que vous deviez impérativement réaliser vous-même mais que vous auriez pu assurer plus tard ou autrement ;

  - ainsi que celles qui vous ont procuré du plaisir.

---

1. Il s'agit ici de **se questionner sur nos automatismes de pensée et de les faire évoluer vers quelque chose de plus conforme à notre réalité professionnelle** (j'emprunte la méthode au livre de Laurence Saunder, *L'énergie des émotions, op. cit.*, p. 200 à 206) : en allant au bout de nos raisonnements (en se demandant : si je pense ça, et alors ?) ; en confrontant nos pensées à la réalité ; en nous décentrant pour mieux questionner la véracité de nos modes de pensée ; en relativisant les conséquences de ce qu'on pense (est-ce que c'est vrai ? Est-ce que c'est grave ?) ; en réintroduisant les référentiels professionnels qui sont les nôtres (est-ce que notre pensée est conforme à ce qu'on nous demande ?).

- Analysez, toujours à partir d'une semaine passée récente, les tâches auxquelles vous auriez dû vous consacrer et que vous n'avez pas réalisées, et distinguez parmi elles :
  - celles qui auront des conséquences à plus ou moins long terme, et dites lesquelles ;
  - à partir des conséquences identifiées, regardez si cela modifie votre rapport coût/bénéfice dans le sens du changement de comportement et, si non, questionnez-vous sur le pourquoi...
- En fonction de toute l'analyse ci-dessus, quels axes concrets de plan d'action tirez-vous :
  - Quelles actions concrètes ? Avec qui ? Dans combien de temps ? Comment ?
  - À quoi est-ce que je renonce pour consacrer du temps à ce comportement ?
  - Pour viser quoi précisément ? Comment vais-je mesurer que l'objectif est atteint ?

Exercez-vous à prioriser

- Exercez-vous à questionner votre interlocuteur sur ce qu'il vous demande exactement de faire, avant de lui répondre.
- Exercez-vous, tout d'abord une fois par jour la première semaine, puis davantage, à refuser de répondre immédiatement à une demande qui vous est faite, en y mettant les formes : « Je comprends bien ta situation, mais je suis désolé(e) de ne pouvoir t'aider. » et tenez bon (quitte à vous répéter).
- Exercez-vous à différer votre réponse à des sollicitations (ayant peu d'enjeu, pour commencer) et observer les résultats (si vous aviez des craintes d'effets négatifs, ont-ils été aussi sérieux qu'escomptés ? Et avez-vous pu les gérer ?)
- Organisez des délégations auprès de certains de vos collaborateurs afin de dégager du temps pour vous consacrer à d'autres tâches.

Observez pour analyser

Une définition

L'observation consiste à exercer ses sens, et en particulier la vue et l'ouïe, pour collecter des informations les plus objectives possible, afin de servir à analyser des situations professionnelles diverses[1].

Les enjeux

Débutons notre propos par une mise en situation : auriez-vous confiance, en tant que passager, en un pilote de ligne qui vous dirait en ouverture du vol : « Je n'ai pas le temps de regarder la piste, scruter le ciel est inutile parce que je suis expérimenté et, de toute façon, il faut vite que je fasse mon annonce d'accueil parce que l'important c'est que je vole ! » Sûrement que non !

Pourtant, nous faisons exactement la même chose avec nos collaborateurs quand, en tant que manager, pris dans l'aimantation de « l'activité », nous négligeons d'observer tout ce qui se passe autour de nous.

Pourquoi donc faut-il observer quand on est manager ?

- Pour contrer la tendance automatique à interpréter les faits et les intentions d'autrui, souvent à tort (c'est-à-dire à donner du sens très rapidement selon une grille de lecture non consciente).

- Pour formaliser nos tendances automatiques à l'intuition (c'est-à-dire à être sensible à des micro-signes, souvent présents dans la communication non verbale), ainsi qu'aux routines nées de l'expérience.

---

1. Pour ceux qui voudraient compléter leurs lectures opérationnelles sur le sujet, nous conseillons la lecture du chapitre « Observer » du *Manager durable*, d'Éric Albert, *op. cit.*, p. 91 à 110.

- Pour fonder les analyses sur des données factuelles, prendre de meilleures décisions et argumenter mieux ainsi nos choix auprès de notre environnement professionnel.
- Et, évidemment, pour faire des retours d'information fondés et plus recevables par l'interlocuteur lors des entretiens annuels (feed-back).

Les représentations qui bloquent et facilitent l'observation

Représentations positives	Représentations négatives
J'observe et j'écoute attentivement, car ça me donne des billes pour mieux agir ensuite	Je n'ai pas le temps d'observer les choses, j'ai autre chose à faire, et notamment agir
Je me méfie de mon feeling car il m'a souvent joué des tours et je m'attache par conséquent à regarder et écouter finement	Observer est quelque chose que l'on fait pour apprendre son métier ; après, l'expérience suffit à nous guider
Si j'ai une critique à faire, elle passe mieux quand elle est fondée sur des observations incontestables	Je suis une personne intuitive ; moi, je sens les gens et, de toute façon, je ne vois pas comment je pourrais changer ça

Les risques encourus si l'observation est trop développée ou pas assez

Une observation trop développée chez le manager	Une observation pas assez développée chez le manager
Vouloir toujours différer le moment où vous devez conclure sur l'analyse des faits et, par conséquent, suspendre et l'analyse et l'action	Vous contenter de vos habitudes de raisonnement, de vos interprétations jamais questionnées et de vos intuitions souvent trompeuses, et prendre de mauvaises décisions
Pinailler ! Entrer trop dans les détails des faits, sans jamais en avoir assez, et différer ainsi l'analyse et l'action	Ne pas être capable de rendre compte de votre processus d'analyse auprès d'autrui et avoir du mal à emporter son adhésion sur du *feeling*
Perdre le but de l'observation au fur et à mesure et dériver dans un processus de raisonnement inefficace	Ne pas jouer votre rôle de manager, celui d'être pédagogue, et montrer à partir de votre expérience aux autres comment réfléchir et agir

Un rappel de données cognitives

- Intégrez la définition de ce qu'est l'**analyse** : c'est une formulation d'hypothèses à partir de constats, qui doivent être confirmées, dans un deuxième temps, par une confrontation à la réalité. Il y a donc un aller-retour à opérer avec le réel et pas de certitudes acquises, une fois pour toutes, de par l'expérience, la compétence ou l'intuition.

- Rappelez-vous que l'on ne peut pas ne pas communiquer et que la communication non verbale nous impacte plus que ce que nous disons.

Des suggestions de plan d'action[1]

Un travail sur vous-même et une définition de votre plan d'action personnalisé

- Identifiez vos émotions et représentations à l'idée de consacrer du temps à l'observation dans votre quotidien.

- Observez ensuite la façon dont vous vous y prenez sur quelques exemples différents pour gérer vos observations et repérez les régularités comportementales, autrement dit : avez-vous toujours les mêmes tendances ? Et si oui, identifiez ce que vous vous dites qui vous fait agir ainsi ?

- Questionnez-vous sur vos modes de pensée[2] :
  - Jusqu'à quel point ai-je raison de penser comme je le fais ? Pourrais-je penser différemment ?
  - Et si je pouvais faire différemment (en observant plus, par exemple) quelles conséquences cela aurait-il (rapport coût/bénéfice du changement) ?

---

1. Vous pouvez prolonger vos réflexions sur « l'observation » en lisant le cas Dupêchu en annexe n° 4, p. 146-149.
2. *Cf.* la note 1, p. 77, pour plus de détails sur cette séquence.

- Et définissez, par conséquent, votre propre plan d'action :
  - Quelles actions concrètes ? Avec qui ? Dans combien de temps ? Comment ?
  - À quoi est-ce que je renonce pour consacrer du temps à ce comportement ?
  - Pour viser quoi précisément ? Comment vais-je mesurer que l'objectif est atteint ?

Des idées d'expérimentation que vous pouvez inclure dans votre plan d'action

Dans votre vie courante :

- Si vous avez des enfants encore jeunes, jouez avec eux au Mémory ! C'est excellent pour stimuler vos capacités d'observation et de mémorisation (et, accessoirement, pour voir à quel point eux sont forts à ce jeu parce qu'ils observent plus que nous !).

- Vous pouvez aussi jouer à faire deviner un film en le racontant avec le plus de précision possible sans donner le nom des acteurs, ou raconter de la même façon très détaillée un livre que vous avez aimé, etc.

- Si vous aimez l'art, choisissez de décrire une œuvre en veillant à être le plus précis possible dans votre description (ce que vous voyez – couleurs, dégradés, textures, formes, etc. –, ce que vous ressentez, etc.).

- Vous pouvez aussi relire les auteurs du XIXe siècle, qui ont fait des descriptions tellement riches de lieux ou de sentiments qu'elles nourriront la richesse de vos propres descriptions…

Au travail :

- Choisissez trois collaborateurs, un que vous appréciez, un pour lequel vous vous sentez neutre et un avec lequel la relation est difficile, et exercez-vous à identifier une qualité comportementale et un axe de progrès comportemental, étayés sur des observations pour chacun d'entre eux.

- Avant d'observer quoi que ce soit, rappelez-vous bien ce que vous voulez observer et demandez-vous :

  – si c'est observable (les manières de faire) et comment vous pouvez le voir (*cf.* notre modèle théorique sur les comportements, p. 22 à 29) ;

  – ou si c'est déjà une déduction que vous faites (comme nous l'avons défini pour les comportements) et, si c'est le cas, quelles sont les manières de faire correspondantes.

- Chaque jour ou semaine, définissez des séquences d'observation sur des thèmes précis et des personnes précises (par exemple, observez la façon dont votre collaborateur parle de ses clients ou les mimiques qu'adopte une assistante quand on parle des relances téléphoniques ou soyez attentif aux éléments du discours de vos collaborateurs sur ce qu'ils aiment dans leur travail).

- Prenez des notes lors de vos entretiens avec vos collaborateurs (et expliquez pourquoi vous le faites : souci d'objectivité et de respect des propos tenus par l'autre).

- Sur des séquences d'entretien dont vous sortez en ressentant un malaise, faites l'effort de vous souvenir des éléments de communication non verbale qui ont été présents dans l'entretien pour vous aider à formaliser vos impressions et questionnez-vous sur les incohérences entre vos observations sur ce qui a été verbalisé ou non (verbal *versus* non-verbal), ce qui peut souvent produire un certain malaise.

- Observez-vous, après avoir mis en œuvre ces différents éléments, notez l'intérêt et les difficultés de l'expérimentation, et rectifiez les mises en œuvre suivantes afin de continuer à progresser dans votre apprentissage.

Dire les choses clairement et cadrer pour des échanges fructueux

Une définition

Cette compétence peut aussi être appelée l'assertivité (de l'anglais *assertiveness*). Elle recoupe la notion française d'affirmation de soi. Elle consiste effectivement à savoir dire les choses clairement, sans agressivité, ni passivité, ni manipulation de l'autre. Cette aptitude peut se décomposer en trois volets :

- transmettre des objectifs clairement ;
- donner votre évaluation sur tous les sujets, dont les comportements ;
- cadrer les échanges dans tout entretien professionnel.

Comme elle consiste à oser dire, elle est liée à la compétence de gestion des émotions et des différends, qui ne manquent pas de se produire en entretien annuel (*cf.* « La compétence de gestion des émotions », ci-après, page 99).

Les enjeux

Dans un article du magazine *Enjeux* sur « Le courage, une vertu à la mode[1] », un professionnel s'exprimait en ces termes : « *Dire ce qui ne va pas, c'est simplement faire un effort pour faire ce que l'on a à faire.* » On entend bien que si c'est légitimement le rôle du manager, cela peut ne pas aller de soi. Le rôle du manager est bien de piloter l'activité d'un service. Il doit analyser des informations et orienter les actions, et pour ce faire il doit transmettre des données, des instructions à ses co-équipiers en permanence, et notamment en entretien annuel.

---

1. *Enjeux*, septembre 2003, p. 96 à 100.

Par ailleurs, s'il est recommandé que l'entretien annuel soit un moment privilégié d'écoute approfondie du collaborateur, les deux parties seraient frustrées si le « chef » ne donnait pas des éléments de son bilan sur l'année écoulée et ne réagissait pas aux propos tenus par son collaborateur. Dire des choses à ses collaborateurs, c'est s'engager, prendre le risque de déplaire, mais c'est aussi montrer que l'on est *avec* l'autre, prêt à mouiller sa chemise. Cela nécessite donc un certain courage. Et c'est bien ce que l'on est en droit d'attendre des managers, tant en haut qu'en bas dans la hiérarchie d'une organisation. Comme le dit Daniel Goleman dans son ouvrage *L'intelligence émotionnelle* : « *Dans un sens, formuler des critiques est l'une des tâches les plus importantes d'un manager.* »

Les représentations qui bloquent et facilitent l'assertivité

REPRÉSENTATIONS POSITIVES	REPRÉSENTATIONS NÉGATIVES
Donner des instructions	
La meilleure façon pour que les gens fassent ce qu'ils ont à faire est de le leur demander clairement et de leur dire à quoi ça sert	Donner des ordres n'est pas mon truc, je ne me considère pas comme un « adjudant-chef »
Donner du *feed-back*	
Dire clairement ce qui va et ce qui ne va pas fait partie de mon rôle, et c'est comme ça que j'aide l'autre à progresser	Ils sont déjà beaucoup pressurés au quotidien, donc si je peux leur faciliter la vie en ne les embêtant pas trop, je le fais
Je fais aux autres ce que je veux que l'on me fasse : comme je ne vois pas la poutre dans mon œil, j'ai besoin que l'on me dise et j'en fais autant de mon côté	Faire des critiques, je n'aime pas ça, parce qu'après ils font la tête et ça me pourrit l'ambiance
Dire les choses clairement, surtout quand ça ne va pas, c'est être courageux et rendre service aux personnes concernées	Je considère que ça n'est pas à moi de leur mâcher le travail : s'ils en veulent dans la vie, ils n'ont qu'à venir chercher l'information et mon évaluation sur ce qu'ils font

- - -

Ce n'est pas parce que l'on dit des choses pas toujours agréables que l'on va le dire n'importe comment : le doigté aide à se faire entendre	Dans ma boîte, l'important est de préserver le consensus ; donc, moi, je fais les choses dans le sens indiqué et je ne fais pas de vagues
J'ai une responsabilité en tant que manager dans le développement de l'employabilité de mes collaborateurs et c'est en leur disant leurs points forts et leurs axes de progrès que j'y contribue	Quand je dis des choses à mes collaborateurs pour viser un changement, ça ne sert à rien ; alors, du coup, maintenant je garde mes impressions pour moi
Cadrer les *entretiens*	
C'est mon rôle de faire que ce moment de l'entretien soit à la fois plaisant, sincère et efficace. Il y a donc des moments d'écoute intense, mais aussi des recadrages fermes	Comme j'accorde peu de temps à mes collaborateurs dans l'année, en entretien annuel je me rattrape et si ça doit durer trois heures, eh bien, c'est qu'il doit en être ainsi
J'utilise les reformulations pour aider un collaborateur à réfléchir sur sa pensée, en lui présentant ce qu'il dit souvent sans s'en rendre compte	Je trouve toujours intéressant de laisser mes collaborateurs dériver, ça me renseigne beaucoup sur eux, sans qu'ils s'en rendent compte

Les risques encourus si l'assertivité est trop développée ou pas assez

UN MANAGER QUI DIT TROP LES CHOSES OU EST TROP « CADRANT »	UN MANAGER QUI NE DIT PAS ASSEZ LES CHOSES OU CADRE TROP PEU
Donner des instructions	
Donner trop de détails dans les transmissions de consignes peut faire perdre l'essentiel (le sens et l'exigence) à vos collaborateurs	Si vous n'êtes pas clair sur ce que vous voulez, vos collaborateurs manqueront de vision sur ce qui leur est demandé de faire et pourquoi, et, par conséquent, seront moins engagés et moins performants
Donner du *feed-back*	
Mal jauger le moment, la façon pour les dire et la dose, c'est méconnaître la limite au-delà de laquelle les choses transmises deviennent contre-productives	Vous vous en voulez de ne pas avoir le courage nécessaire pour dire les choses plus clairement ou vous en voulez à vos collaborateurs, qui devraient « comprendre entre les lignes ». Dans les deux cas, il y a de la frustration qui s'accumule pendant que le problème n'est pas traité

- - -

••• Si vous donnez des consignes, du retour d'informations sur les axes de progrès et oubliez les félicitations sur les efforts, les progrès et les performances, vous risquez de démotiver les personnes ayant besoin d'être soutenues et ne pouvant s'auto-motiver	Vos collaborateurs peuvent croire, en l'absence de retour d'information sur leur travail de votre part que tout va bien et cela peut nourrir du malentendu et une déception compréhensible quand le *feed-back* finit par arriver (« pourquoi ne pas me l'avoir dit plus tôt ? »)
Cadrer les entretiens	
Si vous cadrez trop, vous perdez des occasions d'en apprendre plus sur vos collaborateurs et leur travail, et, partant, perdez des opportunités ; de plus, il y a un impact négatif sur le vécu de vos colla-borateurs, qui pensent que vous ne vous intéressez pas à eux	Si vous cadrez trop peu, tant dans vos consignes que dans la tenue de vos entre-tiens, vous passez implicitement le message à vos collaborateurs qu'ils peuvent tout faire, que ça n'a pas de conséquences, ce qui est faux ; accessoirement, vous gérez mal votre temps et êtes moins performant que quelqu'un qui sait demander quelque chose clairement (se montrer exigeant) et dire ce qu'il pense sur le travail réalisé

Des suggestions de plan d'action[1]

Un travail sur vous-même et une définition de votre plan d'action personnalisé

- Identifiez vos émotions et représentations à l'idée de « donner clairement des instructions » dans votre quotidien.

- Identifiez vos émotions et représentations à l'idée de « faire un feed-back » dans votre quotidien.

- Identifiez vos émotions et représentations à l'idée de « cadrer vos entretiens ».

- Observez ensuite la façon dont vous vous y prenez sur quelques exemples différents et repérez les régularités comportementales ; autrement dit : avez-vous toujours les mêmes tendances ? Et si

---

1. Vous pouvez prolonger vos réflexions sur l'assertivité en lisant le cas Duprofond en annexe n° 4, p. 149-152.

oui, identifiez ce que vous vous dites alors, et qui vous fait agir ainsi.

- Questionnez-vous ensuite sur vos modes de pensée[1] :
  - Jusqu'à quel point ai-je raison de penser comme je le fais ?
  - Pourrais-je penser différemment ?
  - Et si je pouvais faire différemment (en développant ces trois manières de faire, par exemple) quelles conséquences cela aurait-il (rapport coût/bénéfice du changement) ?
- Et définissez par conséquent votre propre plan d'action :
  - Quelles actions concrètes ? avec qui ? Dans combien de temps ? Comment ?
  - À quoi est-ce que je renonce pour consacrer du temps à ces comportements ?
  - Pour viser quoi précisément ? Comment vais-je mesurer que l'objectif est atteint ?

Des idées d'expérimentation que vous pouvez inclure dans votre plan d'action

1. Transmettre des instructions :

- Expérimentez la transmission des instructions en précisant *seulement* le :
  - Quoi (la tâche attendue) ?
  - Pour quoi (le sens de l'action) ?
  - Pour quand (le délai précis) ?
  - Comment (sous quelle forme l'action est-elle à produire) ?
- Et faites cela d'abord avec les collaborateurs avec lequel la relation est assez bonne (avant d'élargir à d'autres).

---

1. *Cf.* la note 1, p. 77, pour plus de détails sur cette séquence.

- Pendant la transmission de la consigne, observez les réactions non verbales de vos collaborateurs : recueillez-vous des signes vous faisant penser à une compréhension ? Si non, interrogez-les sur leur compréhension, leur adhésion.

- Vérifiez leur compréhension (leur proposer de reformuler ce qu'ils ont compris est plus fiable que de reformuler vous-même).

2. Donner du feed-back[1] :

- Préparez vos observations précises avant et notez-les par écrit.

- Exercez-vous à faire votre *feed-back* critique en ayant à l'esprit cette double question :

  - *Ce que je dis est-il facile à entendre comme quelque chose de constructif ?*

  - *Le prendrais-je bien si l'on me disait cela comme ça ? Si non, reformulez votre propos.*

  Autrement dit, ayez à l'esprit de faire du *feed-back* sur des comportements perfectibles et *non* sur des dimensions de la personnalité de votre interlocuteur (par exemple, faites plutôt un *feed-back* sur un problème de « prise de parole en public » que de « timidité »).

- Préparez le moment de l'échange, sur le plan matériel et psychologique et prenez rendez-vous avec la personne concernée (en veillant à employer la forme qui convient le mieux à chacun : pour certaines personnes et certains problèmes, le formalisme est utile, pour d'autres, l'informel sera préféré).

- En introduction, expliquez le pourquoi de l'entretien :

  - *feed-back* conçu comme source de progrès et non comme un reproche ;

  - occasion d'entendre l'autre sur la façon dont il vit la chose ;

---

1. Un ouvrage de même format que le nôtre et dans la même collection sortira prochainement sur ce thème.

– occasion de transmettre aussi votre vision ;

– occasion de contribuer à résoudre le problème ensemble.

- Évitez de noyer votre propos en enrobant le *feed-back* critique de commentaires flatteurs (qui sont à transmettre à d'autres moments pour éviter que votre intention soit perçue comme manipulatoire).

- Recueillez les réactions de votre interlocuteur et creusez ses réponses.

- Trouvez ensemble des solutions au problème et suivez la mise en œuvre du plan d'action ainsi défini.

3. Cadrer les entretiens :

- Avant vos entretiens, interrogez-vous sur leur but et sur la façon dont vous allez vous y prendre pour l'atteindre lors de cette séquence (= ne penser pas qu'aux arguments, mais à comment vous organiser pour une meilleure efficacité).

- Demandez-vous si une seule séquence d'entretien est suffisante. Cette question vous permettra de dimensionner vos ambitions en fonction de l'enveloppe temps disponible. Elle vous permettra aussi d'éviter de viser trop haut et d'avoir conséquemment trop de pression quant au résultat, ce qui pourrait altérer votre écoute à un moment de l'entretien (pris par « l'urgence du temps »).[1]

- Avant vos entretiens, interrogez-vous aussi sur les enjeux et les souhaits de votre interlocuteur y afférant et identifiez les zones de concordance et de divergence, afin de vous aider à prévoir les éventuels dérapages que vous devrez gérer lors de l'entretien.

- Lors de l'introduction de l'entretien, posez ces deux éléments :

– le pourquoi de l'entretien ;

– son cadre, à savoir comment atteindre l'objectif qui est fixé.

---

1. *Cf.* l'annexe 1, p. 119.

90

- Lors de dérives mineures pendant l'entretien, exercez-vous la première semaine à recadrer votre interlocuteur une fois, en valorisant son point de vue mais en le ramenant avec fermeté dans le propos principal (par exemple : « Je comprends que le point que tu soulèves est intéressant, j'en prends d'ailleurs note, mais notre but aujourd'hui est d'avancer sur… »).

- La deuxième semaine, vous pouvez vous exercer à faire deux recadrages, à le faire avec plus de collaborateurs, etc. Afin que la nouvelle manière de faire devienne de plus en plus naturelle.

- Si les dérives de l'entretien vous semblent plus majeures (point sur lequel l'interlocuteur revient répétitivement), en prendre acte et proposez un mode de traitement du sujet spécifique.

- Vous pouvez aussi vous exercer de façon plus générale à **couper la parole de l'autre** s'il est hors sujet, en disant *« je t'arrête, ça n'est pas ce que je te demande »* avec respect mais fermeté.

- Et observez que vos nouvelles manières de faire n'entraînent pas de catastrophe !

Écoutez activement pour mieux connaître l'autre

Une définition

Écouter réellement quelqu'un n'est pas une compétence de communication centrée exclusivement sur la réceptivité. Écouter n'est pas passif mais actif.

En effet, cela consiste à :

- Recevoir de l'information, la traiter de suite en vérifiant que l'on la reçoit bien (technique de reformulation).

- Mais, ça inclut aussi de creuser les réponses, pour en savoir plus (*via* la technique de relance).

Cette compétence peut aussi inclure le fait de s'exprimer sur la relation ou sur les émotions en « métacommuniquant », comme nous le verrons à nouveau dans la partie sur la gestion des émotions ci-dessous.

Les enjeux

« Nous utilisons souvent le présent non pas en tant que tel mais dans le but de nous préparer pour l'avenir. Songeons à la manière que nous avons souvent de plaquer une expression d'écoute sur notre visage pendant que notre interlocuteur parle, tout en préparant mentalement ce que nous dirons, répétant notre discours, peut-être même préparant une contre-attaque.[1] » Cette citation de Maslow nous rappelle l'enjeu de l'écoute en management, en général, et en entretien annuel, en particulier. Souvent, nous croyons écouter alors qu'en fait, nous nous contentons de piocher dans ce qui est dit des éléments renforçant notre argumentaire déjà préformaté.

Écouter *vraiment* requiert de s'exercer, car nous avons été formés à être d'excellents argumentateurs et pas de bons auditeurs. La déformation est d'ailleurs souvent profonde, ne datant pas d'hier. Donc les managers ont *tous* à travailler cet axe. Cela provoque ainsi en coaching ou après une évaluation 360° un moment délicat. En effet, des managers ayant l'impression d'avoir l'écoute en point fort découvrent alors qu'ils doivent encore progresser sur ce sujet !

De plus, lors de l'entretien annuel, les managers doivent être capables de jouer sur deux tableaux diamétralement opposés. Ils doivent en effet être capables d'être en position haute sur le cadre et le but de l'entretien, et de passer ensuite en position basse sur les contenus (*cf.* « Quelques clés de lecture sur la communication », p. 34 à 36). Ils doivent donc être capables d'une grande **souplesse adaptative**. Ils doivent pouvoir, alors même qu'ils étaient en pleine écoute active, recadrer, avec un collaborateur parti sur un sujet trop éloigné des

---

1. Abraham Maslow, *Être humain*, Eyrolles, 2006, p. 83-84.

buts de l'entretien annuel, par exemple. Immédiatement après, le manager doit reprendre sa qualité d'écoute active, et ainsi de suite.

Or, cette souplesse est difficile à acquérir pour deux raisons : tout d'abord, on n'a pas toujours la conscience de la difficulté du passage brutal de l'une à l'autre de ces attitudes ; de plus, comme les managers ne sont pas tous conscients que leur rôle est d'abord et avant tout d'être des spécialistes de la relation humaine, ils se contentent en management de s'appuyer sur leur point fort habituel, c'est-à-dire la maîtrise de la position haute sur les contenus (ou de l'argumentation, si l'on préfère).

Un rappel de définitions

En entretien annuel, la **position basse** s'exprime par les techniques de communication suivantes : questions ouvertes, relances, reformulations neutres (qui sont définies et illustrées ci-dessous). Cette position d'écoute, sans entrer dans les contenus, nécessite aussi du courage de la part des managers. En effet, il leur faut reconnaître la justesse de certains arguments d'autrui, accepter de se remettre parfois en question. Mais, il leur faut aussi continuer à garder une certaine exigence, généralement moins populaire…

La **position haute**, quant à elle, se manifeste de deux façons :

- sur le cadrage de l'entretien par l'introduction initiale et les recadrages pendant l'échange (position haute sur la forme, donc) ;
- en cours d'entretien, par les reformulations exagérées et par les éléments de bilan et d'évaluation que présente le manager (position haute sur les contenus, aussi).

Il est toutefois à noter que la position haute sur les contenus occupée par le manager doit intervenir le plus tard possible, afin que l'entretien annuel soit l'occasion d'une véritable expression approfondie du collaborateur et pas juste un simulacre d'écoute.

Illustrations des techniques de communication présentées ci-après

NOM DES TECHNIQUES	OBJECTIF DES TECHNIQUES	EXTRAITS D'ENTRETIEN OÙ LA TECHNIQUE EST UTILISÉE OU DÉFINITION DE CETTE TECHNIQUE
Question-nement	Recueillir de l'information Offrir un espace d'expression à l'interlocuteur	■ Les questions ouvertes commençant par : Comment ? En quoi ? Qu'est-ce que ? ■ Les questions fermées commençant plutôt par : Est-ce que tu as fait telle chose ? Est-ce ça ou ça ? (Une seule alternative) Es-tu d'accord avec moi pour dire que ? (Ça induit la réponse)
Relance	Creuser les réponses déjà fournies et inviter l'inter-locuteur à plus de précision	(NB : les relances sont en italique) Manager : Comment décrirais-tu ta relation à ce client ? Collaborateur : Parfois, ça roule bien, et puis des fois, ça dérape *Manager : Ça dérape, c'est-à-dire ?* Collaborateur : Eh bien, ils m'appellent en cours de négociation et tout repart sur des axes totalement diffé-rents d'avant, c'est déstabilisant *Manager : Que veux-tu dire par déstabilisant ?* Collaborateur : Eh bien, j'ai l'impression d'avoir travaillé pour rien et que l'on me balade
Reformu-lation neutre	S'assurer de la compré-hension des propos tenus	(Suite de l'entretien ci-dessus) Manager : Si je comprends bien, les relations avec ce client sont délicates
Reformu-lation exagérée	Faire réfléchir l'autre en lui renvoyant un miroir légèrement grossissant sur les propos tenus	(Suite de l'entretien ci-dessus, deux possibilités) Manager : *Si je comprends bien, quand le client fait volte-face, tu crois qu'il se moque de toi* (Ici, le manager déforme un peu le propos **dans le sens de ce qu'il croit entendre** « en sous-titre » quand le collaborateur s'exprime, pour le faire réagir sur l'intention qu'il prête au client) Manager : *Ce que je crois entendre, c'est que pour toi le travail fait est **totalement** inutile* (Ici, le manager met une inflexion sur le « totalement », pour faire réfléchir son collaborateur sur sa façon de vivre les choses en tout ou rien) ■ Cette technique sert à faire réfléchir sur les représen-tations et à les assouplir

Les représentations qui bloquent
et facilitent l'écoute active

REPRÉSENTATIONS POSITIVES	REPRÉSENTATIONS NÉGATIVES
Quand j'écoute mes collaborateurs, je joue pleinement mon rôle de manager	Écouter les autres est une perte de temps, je connais par cœur ce qu'ils vont dire et, en plus, pour moi, écouter, c'est se comporter en assistante sociale ou en psy et ce n'est pas mon rôle
Je sais écouter quand il faut, cadrer quand c'est nécessaire et m'exprimer quand c'est le moment	Si j'écoute davantage, j'ai peur d'être débordé et de ne pas arriver à recadrer, donc j'évite d'écouter trop
Quand je prends le temps d'écouter, et c'est vrai que ce n'est pas toujours autant que je devrais, je suis toujours étonné des découvertes que je fais et ça m'aide à me remettre en question sur des représentations erronées et à m'améliorer	Je veux bien écouter, mais, franchement, après je me retrouve à entendre des trucs dont je ne sais pas quoi faire
J'ai besoin de connaître les autres, et pour cela de les écouter activement, afin de tenir compte au mieux des particularités de chacun, et ainsi de mieux les manager au cas par cas	Écouter m'énerve, parce que c'est toujours le bureau des pleurs et des justifications pour ne pas faire ce que l'on a à faire
Pour moi, écouter est un investissement rentable, car, ensuite, mes collaborateurs s'impliquent plus et adhèrent mieux à ce que je leur propose ou impose	Si j'écoute davantage, je vais me rendre compte que l'on n'est pas d'accord et que l'on va avoir un conflit que je préfère éviter parce que je n'aime pas ça
Quand je les écoute en entretien annuel ou en réunion de *brainstorming*, ils savent que mon écoute est totale et sans aucun jugement ; on se lâche tous alors, et les résultats sont impressionnants	Si j'écoute plus mes collaborateurs, j'ai peur qu'ils me fassent douter de mes actions, voire de la pertinence de la stratégie que l'on poursuit

Les risques encourus si l'écoute active est
trop développée ou pas assez

UNE ÉCOUTE ACTIVE TROP DÉVELOPPÉE	UNE ÉCOUTE ACTIVE PAS ASSEZ DÉVELOPPÉE
Le manager qui écoute trop peut perdre le fil de son objectif initial et, par conséquent, réaliser des entretiens manquant d'efficacité	Un manager qui n'écoute pas assez croit connaître son équipe et croit faire un bilan correct de ses forces et faiblesses, mais fait une analyse erronée de la situation, car elle n'est fondée que sur une petite partie de ce qu'il pourrait découvrir en écoutant plus
Le manager qui écoute trop peut oublier que l'écoute n'est pas un but en soi mais une étape destinée à recueillir des éléments pour asseoir des décisions : il risque donc de différer des décisions, voire de ne pas en prendre, suspendant toujours le moment de trancher	Un manager qui n'écoute pas assez ne tire pas suffisamment profit de l'intelligence de ses collaborateurs, ne les utilise pas à leur mesure et participe à leur désengagement dans le travail
Le manager qui écoute trop peut contribuer à démobiliser ses coéquipiers qui ont plaisir à participer à des échanges, certes, mais souhaitent voir aussi les discussions servir à l'avancée des dossiers	Un manager qui n'écoute pas assez n'est pas en contact avec la *réalité* de son équipe : il gère certes son entité, mais pas de relations qualitatives avec des personnes qui se désengagent progressivement de leur lien avec lui et en restent à un « politiquement correct » de surface

Des suggestions de plan d'action[1]

Un travail sur vous-même et une définition de votre plan d'action personnalisé

*   Identifiez vos émotions et représentations à l'idée d'« écouter activement » dans votre quotidien ;

---

1. Vous pouvez prolonger vos réflexions sur « l'écoute active » en lisant le cas Dubalaid en annexe n° 4, p. 153-155.

- Observez ensuite la façon dont vous vous y prenez sur quelques exemples différents et repérez les régularités comportementales, autrement dit : avez-vous toujours les mêmes tendances ? Et, si oui, identifiez ce que vous vous dites qui vous fait agir ainsi.

- Questionnez-vous ensuite sur vos modes de pensée (*cf.* la note 1 page 77, pour plus de détail sur cette séquence) :
  - Jusqu'à quel point ai-je raison de penser comme je le fais ?
  - Pourrais-je penser différemment
  - Et si je pouvais faire différemment (en développant ces trois manières de faire, par exemple) quelles conséquences cela aurait-il (rapport coût/bénéfice du changement) ?

- Définissez par conséquent votre propre plan d'action :
  - Quelles actions concrètes ? Avec qui ? Dans combien de temps ? Comment ?
  - À quoi est-ce que je renonce pour consacrer du temps à ces comportements ?
  - Pour viser quoi, précisément ? Comment vais-je mesurer que l'objectif est atteint ?

Quelques idées d'expérimentation que vous pouvez inclure dans votre plan d'action

- Première semaine : fixez-vous comme objectif de poser plutôt des **questions ouvertes** que des questions fermées, en introduction de vos interrogations (vous pouvez aussi prendre quelques notes de mots clés à relancer, pour ne pas interrompre le fil de votre interlocuteur et ne pas oublier non plus le sujet que vous souhaitez relancer).

- Deuxième semaine : fixez-vous comme objectif de poser toujours une **question de relance** à toute question déjà posée par vous (puis augmentez progressivement le nombre de relances et élargissez l'expérience jusqu'à ce que ça devienne plus naturel…).

- Troisième semaine : fixez-vous comme objectif de faire des **reformulations neutres** au moins une fois d'abord par entretien, puis augmentez-en le nombre (sauf problème de compréhension important dès le départ, les reformulations viennent plutôt après les relances lors des entretiens).

- Quatrième semaine : fixez-vous comme objectif de faire des **reformulations exagérées** pour aider l'autre à réfléchir sur ce qu'il vous dit et l'aider à repérer ses représentations sous-jacentes (les reformulations exagérées viennent plutôt après les relances lors des entretiens annuels et comme elles servent à faire réfléchir l'autre sur ses évidences, ses pensées implicites, elles ne sont pas toujours à utiliser).

- Si vous avez besoin de vous tester sur des « cobayes » que vous jugez plus compréhensifs, vous pouvez vous exercer d'abord avec vos proches…

- Vous pouvez aussi expérimenter d'autres éléments clés d'une écoute active :

  – exercez-vous à repérer les éléments de **communication non verbale** de vos interlocuteurs et la façon dont ils vous influencent ;

  – apprenez à formuler des hypothèses sur le non-verbal, afin de reprendre la maîtrise de ce qui se passe (par exemple : *J'ai l'impression, vue ta moue, que tu n'es pas très chaud sur ce projet, je me trompe ?* ou bien : *Quand tu ne me regardes pas dans les yeux, ça me fait penser que ça veut peut-être dire quelque chose, qu'en dis-tu ?*) ;

  – exercez-vous à **ne plus couper la parole de l'autre** (et à repérer l'émotion et la représentation bloquante qui vous faisait procéder ainsi avant) ;

  – exercez-vous à introduire plus de **silences** dans vos entretiens (juste après une question ouverte, afin que l'autre ait le temps de réfléchir), etc.

Gérez les émotions et les différences de points de vue pour vous nourrir des différences

Une définition

La gestion des émotions consiste à les identifier, les accepter comme existantes et faire en sorte qu'elles irriguent et nourrissent les échanges sans en être débordé. Tout échange un tant soit peu authentique et engagé a pour conséquence que des différences de points de vue émergent. Cela suscite généralement des émotions que trop souvent en entreprise on masque, rogne ou néglige.

Gérer des émotions est donc aussi associé à une capacité de « **confrontivité**[1] », c'est-à-dire une aptitude à faire face à toute confrontation d'idées en conservant les commandes et en ne laissant pas l'émotion prendre le dessus.

Enfin, gérer les émotions en situation de relation professionnelle nécessite le développement de deux techniques :

- **la métacommunication**, qui consiste à s'exprimer sur la relation que l'on a avec quelqu'un, afin de déminer certains pièges relationnels usuels (justification, manipulation, contestation du cadre, manque d'engagement, etc.). Il s'agit de savoir s'exprimer là sur ce qui est en train de se passer entre les deux personnes, afin de détordre le « tuyau » relationnel coudé et que les échanges puissent passer à nouveau normalement ;

- **la verbalisation**, qui consiste à dire les émotions en cours avec des mots, afin qu'elles deviennent explicites et qu'elles agissent moins sur nous. La verbalisation peut porter sur ce que le manager ressent et sur ce qu'il pense que l'autre sent peut-être (cela reste alors une hypothèse à vérifier). Le collaborateur peut alors saisir la balle au bond (ou pas !) mais il percevra votre intention de vous intéresser à lui.

---

1. Guy Desaunay, *Comment gérer intelligemment ses subordonnés*, Dunod, 1985.

Les enjeux

Victor Hugo disait : « *J'aime tous les hommes qui pensent, même ceux qui pensent autrement que moi. [...] Les dissentiments des penseurs sont peut-être utiles. Qui sait ? Au fond, tous vont au même but, mais par des voies différentes. Il est peut-être bon que les routes soient diverses pour que le genre humain ait plus d'éclaireurs. [...] J'écrivais cela un jour à un rêveur, rêveur autrement que moi, qui voulait m'entraîner dans sa croyance, et j'ajoutais : "Je vous suivrais du regard dans votre route, mais sans quitter la mienne[1]."* » Quelle belle façon d'introduire l'enjeu de la gestion d'un véritable échange ! Dans l'entretien annuel, il est rare en effet, si chacun s'exprime sans réserve, d'avoir exactement la même vision sur tout. Il est même plutôt probable que, si nous nous écoutons et cherchons à connaître vraiment l'autre, nous allons découvrir quelqu'un qui ne nous ressemble pas. Et c'est d'ailleurs tout l'intérêt de l'exercice : être confronté à cette *vraie* personne et faire qu'elle s'engage à vos côtés.

Manfred Kets de Vries, professeur de management à Harvard, l'exprime ainsi : « *Des études consacrées aux cadres dirigeants montrent que la **présence affective**, cette fonction dynamisante du leadership, est un élément indispensable aux bonnes performances de l'entreprise[2].* » Quelle bonne nouvelle : vous n'avez pas à être quelqu'un d'autre que celui que vous êtes ! Évidemment, manager nécessite de dompter la fougue qui peut être la vôtre et de faire de la place à l'autre sans renier votre enthousiasme. Mais la personne unique que vous êtes est *le* point d'appui majeur de votre management spécialisé en relations humaines ! Mais, si ce point est en contradiction avec ce mot d'ordre implicite encore présent dans les organisations, selon lequel l'émotion serait à traquer, voire à éradiquer, des études, tant en neurologie que sur les organisations, démontrent bien au contraire que l'intelligence émotionnelle est un important ingrédient de

---

1. Victor Hugo, « Post-scriptum de ma vie », in *Tas de pierre*, I, Librairie Paul Ollendorff, p. 5.
2. Manfred Kets de Vries, *Combat contre l'irrationalité des managers*, (*op. cit*), p. 106.

succès en entreprise, même si, dans les faits, les mentalités sont encore à la traîne.

Cela correspond aussi à nos observations sur le terrain. Les managers ont tellement bien intégré qu'ils devaient se méfier de leurs émotions que certains ne savent plus identifier qu'elles émergent et qu'elles sont en train d'agir à leur corps défendant ! On assiste ainsi à des moments saisissants lorsque les observateurs de jeux de rôle (managers eux-mêmes) voient bien que le manager est animé d'une émotion (qui lui fait gérer moins bien une séquence de son entretien), mais que, lui, n'identifie pas. Il faut donc, à notre sens, qu'un certain nombre de managers soient « rééduqués » pour (re)connaître et (ré)utiliser cet élément clé de leur compétence.

La gestion des émotions, tant en entretien annuel qu'en management, nécessite deux mouvements : identifier et accepter nos émotions, et faire le même travail vis-à-vis de nos interlocuteurs. Nous avons observé que les managers ont tendance à être plus tolérants vis-à-vis de leurs équipes que vis-à-vis d'eux-mêmes. Loin de nous l'idée de laisser l'autre lire vos émotions à livre ouvert et de ne plus vous contrôler du tout, il s'agit de vous inviter à laisser plus voir l'humain que vous êtes, tout en restant aux commandes ! Vous y gagnerez en engagement émotionnel d'autrui (et en plaisir partagé).

Rappels théoriques sur les émotions

On a coutume de distinguer six grandes catégories d'**émotions** fondamentales (classification attribuée à Darwin) : la colère ; le dégoût ; la tristesse ; la surprise ; la peur ; la joie.

Ces émotions prennent des tonalités plus ou moins fortes. Ainsi, pour évoquer la colère, on va avoir les tonalités de l'agacement, l'impatience, la frustration, l'irritation, l'énervement, le dépit, l'emportement, la fureur, l'indignation, la véhémence, l'exaspération[1].

---

1. Laurence Saunder, *L'énergie des émotions*, (*op. cit.*), tableau du vocabulaire des émotions.

Les **sentiments** sont généralement le mélange d'une émotion fondamentale et d'éléments de représentations peu conscientes. Le bonheur peut être un mélange de joie, associée à une pensée de type « je vis exactement ce que je voulais vivre ».

Qu'il s'agisse d'émotions instantanées ou de sentiments légèrement plus élaborés, on peut apprendre à en prendre conscience et à s'en distancier.

Les représentations qui bloquent et facilitent la gestion des émotions et les différences de points de vue

REPRÉSENTATIONS POSITIVES	REPRÉSENTATIONS NÉGATIVES
Gestion des émotions	
Mon rôle de manager est de gérer des relations avec des personnes toutes différentes et qui sentent les choses chacune à leur façon : l'émotion est donc toujours là, comme une couleur de chacun, qui compose la mosaïque de l'équipe ; à moi, de garder l'image que doit composer le paysage d'ensemble	Je ne suis pas là pour tenir le bureau des pleurs mais pour cracher des résultats
Je ne me considère pas comme un « robot manager parfait » mais comme un être humain, qui a ses passions et ses coups de mou, et, finalement, ça décomplexe mes équipes	Je ne trouve pas professionnel les personnes qui ne se contrôlent pas bien
J'ai appris à faire avec les émotions en management ; avant, ça me paraissait abscons et, maintenant, je constate que j'ai plus de plaisir à être et construire avec les gens	Je veux bien faire plus participer mes collaborateurs, mais quand ça part « en live » en réunion, après je ne sais plus quoi faire et je perds mon crédit
Gérer les émotions, ce n'est ni tout contrôler, ni tout lâcher ; c'est tout simplement faire vivre l'idée que l'on est tous humains, que l'on est sensible et qu'en acceptant ça, on fait du meilleur boulot sans perdre de vue nos missions de manager	Je garde mes émotions pour ma vie personnelle, ça ne doit pas transparaître au boulot

• • •

Gestion des différends	
J'aime quand c'est un peu chahuté en entretien ou en réunion et que l'on sent que ce sont les vraies personnes qui parlent et pas les rôles qu'elles croient devoir afficher	Je n'aime pas les confrontations, je n'aime pas quand le ton monte, que l'on s'énerve et que l'on ne s'écoute plus, alors je fais passer mes idées autrement, en douce, subtilement…
Je préfère un franc désaccord plutôt que de spéculer que l'autre est d'accord à partir de son silence	Quand on entre en conflit, j'ai la crainte qu'ils ne me suivent plus ou se démotivent

Les risques encourus si la gestion des émotions est trop développée ou pas assez

UNE GESTION DES ÉMOTIONS TROP DÉVELOPPÉE	UNE GESTION DES ÉMOTIONS PAS ASSEZ DÉVELOPPÉE
Le manager peut perdre le fil de ce qui lui est demandé : s'intéresser aux émotions des collaborateurs reste subordonné à l'impératif de production collective et n'est pas une fin en soi	Le manager qui contrôle trop ses émotions est perçu comme « Robocop » et peut susciter la méfiance de ses collaborateurs, qui hésiteront à évoquer leurs doutes, intuitions ou failles auprès de lui
Si le manager est invité ici à oser plus partager ses émotions, il y a des moments où il doit verrouiller les choses sur ce plan, parce que son équipe en a besoin ; il s'agit bien qu'il sache aussi ne pas ouvrir la brèche au doute, quand c'est de la mobilisation dont on a besoin	Le manager qui contrôle trop ses émotions risque aussi de susciter la dissimulation de problèmes par ses collaborateurs, n'osant pas venir vers lui ; du coup il découvrira ces soucis parfois un peu tard et les gérera moins bien
S'il s'intéresse trop aux émotions de ses coéquipiers, le manager peut susciter un certain malaise de leur part, car ces derniers n'attendent pas cela de lui mais des décisions assumées	Le manager qui contrôle trop ses émotions a moins de plaisir à fonctionner et donne moins de plaisir aux autres autour de lui !

Des suggestions de plan d'action[1]

Un travail sur vous-même et une définition de votre plan d'action personnalisé

* Identifiez vos émotions et représentations à l'idée de « gérer les émotions » dans votre quotidien.

* Identifiez vos émotions et représentations à l'idée de « gérer des différends » dans votre quotidien.

* Observez ensuite la façon dont vous vous y prenez sur quelques exemples différents et repérez les régularités comportementales, autrement dit : avez-vous toujours les mêmes tendances ? Et, si oui, identifiez ce que vous vous dites alors et qui vous fait agir ainsi.

* Questionnez-vous ensuite sur vos modes de pensée[2] :

  – Jusqu'à quel point ai-je raison de penser comme je le fais ? Pourrais-je penser différemment ?

  – Et si je pouvais faire différemment (en développant ces trois manières de faire, par exemple) quelles conséquences cela aurait-il (rapport coût/bénéfice du changement) ?

* Définissez par conséquent votre propre plan d'action :

  – Quelles actions concrètes ? Avec qui ? Dans combien de temps ? Comment ?

  – À quoi est-ce que je renonce pour consacrer du temps à ces comportements ?

  – Pour viser quoi précisément ? Comment vais-je mesurer que l'objectif est atteint ?

---

1. Vous pouvez prolonger vos réflexions sur la « gestion des émotions » en lisant le cas Duvelours en annexe n° 4, p. 155-159.
2. *Cf.* la note 1, p. 77 pour plus de détail sur cette séquence.

Des idées d'expérimentation que vous pouvez inclure dans votre plan d'action

Des idées d'expérimentation sur la gestion des émotions

- Une lecture peut être utile à ceux qui voudraient approfondir le thème de la gestion des émotions. Cet ouvrage très détaillé vous donne des clés aussi bien théoriques que très pratiques pour progresser sur ce sujet[1]. Vous y trouverez notamment un guide pratique très pédagogique, rédigé pas à pas.

- Apprenez à identifier ce que vous **ressentez émotionnellement** dans des situations relationnelles simples et mettez des mots les plus précis possible sur ce que vous sentez.

- Repérez aussi vos **sensations physiques** : boule dans la gorge, estomac noué, mains moites, voix qui tremble, etc.

- Passez ensuite à des situations plus compliquées (où vous sentez plusieurs choses et de natures peut-être différentes, comme de l'excitation et de l'irritation, voire à l'opposé, de la joie et de la tristesse – cela s'appelle l'ambivalence, c'est-à-dire une capacité à sentir des choses opposées en même temps).

- Apprenez à respirer avant d'agir pour *être aux commandes* !

- Ce temps de respiration vous aidera à distinguer parmi les situations qui vous procurent ces émotions :

  - celles qui sont contrôlables (par exemple, des délais dépassés mais un client que l'on peut prévenir, un client menaçant de partir à la concurrence mais que l'on peut rencontrer, etc.) ;

  - celles qui ne le sont pas (par exemple, un appel d'offres manqué pour un problème de formalisme, un candidat ayant déjà signé son contrat dans une autre société).

- Une fois cette distinction opérée, lâchez prise sur ce qui est incontrôlable (ça demande des années de pratique méditative aux sages

---

1. Laurence Saunder, *L'énergie des émotions*, (*op. cit.*).

de l'Orient, alors fixez-vous des objectifs réalistes !) et agissez sur ce qui est contrôlable.

- À froid, tirez des enseignements des situations où vous ne pouviez plus rien faire, afin de les gérer plus en amont si c'est possible.

Idées d'expérimentation sur la gestion des différends[1]

- Lors d'échanges où le ton monte, identifiez quelle émotion est en jeu et verbalisez-la.

- Lors d'échanges où le ton monte, recadrez si nécessaire, tout en ayant pris acte du point sur lequel vous n'irez cependant pas plus avant dans l'échange.

- Faites, lors de ces échanges, des reformulations périodiques des points d'accord et de désaccord, afin de progresser dans la discussion (identifiez ce sur quoi on n'est pas d'accord est déjà un progrès, plutôt que d'être dans un dialogue de sourds).

- Exercez-vous à repérer que, souvent, quand on est en désaccord, c'est que l'on s'écoute mal et que l'on ne parle pas tout à fait de la même chose ou en des termes différents, et faites-en la reformulation, afin d'avancer plus constructivement.

- Si ces tentatives sont inefficaces sur le coup, sachez interrompre un échange pour le reprendre plus tard, une fois que les deux parties y auront réfléchi plus à froid.

Accompagnez vos collaborateurs pour développer leur autonomie

Une définition

Tout manager assume des fonctions d'« éducateur » et de pédagogue au service de ses collaborateurs. En effet, il participe peu ou prou à leur formation technique à l'arrivée dans le service, mais il est surtout

---

1. Un ouvrage de même format que le nôtre et de la même collection sortira prochainement sur ce thème.

appelé à contribuer à l'acquisition ou au développement des compétences comportementales de ces derniers. Pour cela, il utilise sa connaissance des ressorts concernant les comportements ainsi que des motivations[1] pour accompagner la progressive montée en autonomie de ses coéquipiers. Opérationnellement, cette compétence d'accompagnement passe aussi par la préparation et le suivi de plans d'action tout au long de l'année.

Les enjeux

Citons Manfred Kets de Vries : « *Le dirigeant empathique montre par ailleurs une forte conscience de la "générativité". Loin de céder à cette jalousie si typique de ceux qui vivent mal l'épreuve de l'âge mûr, il se réjouit de pouvoir aider la génération montante en tant que conseiller chevronné.*[2] » De nombreux managers affirment d'ailleurs que leur principale motivation à être manager consiste en ce plaisir pris à aider l'autre à grandir en compétences et à le voir voler ensuite de ses propres ailes, un peu grâce à eux.

Pour ce qui est de l'entretien annuel, rappelons son but. Il s'agit bien d'encadrer l'action de chacun et de mettre en exergue les contributions individuelles aux résultats collectifs, mais aussi de contribuer à tracer des jalons pour l'avenir, tant du service que des collaborateurs. Il est donc un endroit privilégié pour évoquer les plans de développement des collaborateurs (d'ailleurs, chez nombre de nos clients, la procédure s'appelle EAD, entretien annuel de développement).

---

1. Nous n'avons pas fait de paragraphe spécifique sur le thème de la **motivation** dans nos apports théoriques de la première partie par choix épistémologique. En effet, nous pouvons définir la motivation comme des représentations particulières, affiliées à des émotions de plaisir ou de déplaisir. Nos jalons théoriques sur les émotions et les représentations nous semblaient donc suffisants à notre démonstration. Une source de motivation d'un collaborateur peut être exprimée sous forme de « je n'aime pas le contact avec les utilisateurs dans mon travail, parce qu'ils râlent tout le temps » ou « j'ai souvent envie de changer d'environnement professionnel, parce que, sinon, je m'ennuie ».
2. Manfred Kets de Vries, *Combat contre l'irrationalité des managers*, (*op. cit.*), p. 107.

Nous prônons ici une vision élargie de l'entretien annuel. En effet, souvent le thème du développement des collaborateurs se résume à aborder les souhaits d'évolution du salarié et des propositions de formation. En étant un peu sévère pour certains managers, c'est envisager à bon compte qu'il suffirait de trois ou quatre jours de stage pour changer des habitudes et suppléer (trop souvent) à leur absence de soutien régulier à ce développement de leurs collaborateurs...

Car la formation n'est, à notre avis, qu'une partie des outils à mobiliser quand on parle de développement des compétences. En effet, de plus en plus, les collaborateurs vont devoir mobiliser des aptitudes comportementales dans tous les secteurs d'activité. Or, cela ne va pas de soi, et ceux-ci devront être accompagnés spécifiquement en cela par leurs supérieurs (qui eux-mêmes devront s'y préparer davantage). Donc, pour se développer, les collaborateurs ont certes besoin d'être formés, mais surtout d'être accompagnés et challengés par leurs managers. Une formation qui n'est pas reprise, approfondie et mise en perspective avec le contexte de l'entreprise et du service n'est qu'un investissement à moitié rentable.

Quelques notions à connaître sur l'apprentissage chez les adultes

Les adultes apprennent d'autant mieux que :

* on les surprend ;

* on donne du sens à ce qui est enseigné ;

* on les aide à expérimenter, en séquençant les apprentissages pour permettre une réussite progressive, palier par palier ;

* on ne fait pas à leur place, mais on les met tout de suite en situation de faire eux-mêmes, quitte à ce qu'ils se trompent beaucoup (l'apprentissage de l'informatique par un expert enseignant à un néophyte est souvent une illustration de ce qu'il ne faut surtout pas faire, c'est-à-dire montrer vite le résultat des opérations que l'on maîtrise à quelqu'un qui est mal à l'aise !) ;

* enfin, on les rassure sur leurs aptitudes à réussir !

Appliquez-vous ces notions quand vous accompagnez un collaborateur dans un apprentissage ?

Les représentations qui bloquent et facilitent l'accompagnement

REPRÉSENTATIONS POSITIVES	REPRÉSENTATIONS NÉGATIVES
C'est quand je les aide concrètement à acquérir de nouvelles compétences que je sens vraiment l'utilité de ma fonction	Vu la surcharge de travail qui est la mienne et les relations politiques que j'ai à gérer, je fais l'impasse sur ça et je mise sur leur débrouillardise : se développeront les plus capables de le faire
Même s'il faut repasser plusieurs fois par les mêmes étapes et rassurer beaucoup, c'est dans ces moments-là, trop peu nombreux à mon goût, que j'ai le plus de plaisir en tant que manager	J'ai beau expliquer clairement, quand un collaborateur n'embraye pas tout de suite sur son plan d'action, ça m'énerve, je me sens démuni et inutile et j'ai du mal à l'aider à se débloquer

Les risques encourus si l'accompagnement est trop développé ou pas assez

UN ACCOMPAGNEMENT DES COLLABORATEURS TROP DÉVELOPPÉ	UN ACCOMPAGNEMENT DES COLLABORATEURS PAS ASSEZ DÉVELOPPÉ
Perdre de vue les impératifs de performance	Rester un « manager expert » qui fait lui-même au lieu de « faire faire » et ne pas faire grandir ses équipes
Ne pas laisser assez tôt les collaborateurs prendre leur envol	N'avoir que peu de valeur ajoutée comme manager !

Des suggestions de plan d'action[1]

Un travail sur vous-même et une définition de votre plan d'action personnalisé

* Identifiez vos émotions et représentations à l'idée d'accompagner plus vos collaborateurs dans votre quotidien.

---

1. Vous pouvez prolonger vos réflexions sur « l'accompagnement » en lisant le cas Duflou en annexe n° 4, p. 159-163.

- Observez ensuite la façon dont vous vous y prenez sur quelques exemples différents et repérez les régularités comportementales, autrement dit : avez-vous toujours les mêmes tendances ? Et, si oui, identifiez ce que vous vous dites alors et qui vous fait agir ainsi.

- Questionnez-vous ensuite sur vos modes de pensée[1] :

  - Jusqu'à quel point ai-je raison de penser comme je le fais ? Pourrais-je penser différemment ?

  - Et si je pouvais faire différemment (en développant ces trois manières de faire, par exemple) quelles conséquences cela aurait-il (rapport coût/bénéfice du changement) ?

- Définissez par conséquent votre propre plan d'action :

  - Quelles actions concrètes ? Avec qui ? Dans combien de temps ? Comment ?

  - À quoi est-ce que je renonce pour consacrer du temps à ces comportements ?

  - Pour viser quoi précisément ? Comment vais-je mesurer que l'objectif est atteint ?

Des idées d'expérimentation que vous pouvez inclure dans votre plan d'action

- Deux lectures très détaillées peuvent être utiles à ceux qui voudraient approfondir le thème de l'accompagnement des collaborateurs (ou coaching comportemental) :

  - un manuel de coaching pour managers sur la façon dont on gère le changement de comportement de ses collaborateurs[2] ;

---

1. *Cf.* la note 1, p. 77, pour plus de détails sur cette séquence.
2. Éric Albert et Jean-Luc Émery, *Au lieu de motiver, mettez-vous donc à coacher !* (*op. cit.*).

- et un ouvrage sur la façon de changer soi-même afin de faire changer l'autre[1].

• Prenez une situation où vous devez accompagner un collaborateur dans l'apprentissage d'une nouvelle compétence et décrivez en quoi elle consiste concrètement (si l'on parlait « comportement », on dirait : décrivez les différentes manières de faire correspondant à ce comportement).

• À partir de ces manières de faire, définissez avec lui un « plan-type » d'étapes de plus en plus difficiles à mettre en œuvre.

• Et en fonction de ce que vous savez de votre collaborateur, c'est-à-dire de :

- ses besoins et ses émotions (va-t-il plutôt envisager le projet avec un besoin de réassurance ou le verra-t-il comme une occasion de se mettre au défi ?) ;

- ses motivations et ses manières d'apprendre (préfère-t-il un schéma global d'abord, ou une logique détaillée, d'emblée ?)...

... Concevez avec lui un programme d'accompagnement approprié (mode de suivi ? périodicité, etc. ?).

• Suivez la mise en œuvre et rectifiez le tir, au besoin (il n'est pas toujours nécessaire de se voir pour cela et des entretiens téléphoniques ou un *feed-back* par mail à votre collaborateur peuvent être très efficaces).

• Lors de performances décevantes, explorez avec votre collaborateur les éventuelles émotions et représentations qui l'ont bloqué et aidez-le à se challenger sur ce point, afin que peu à peu il y parvienne seul.

---

1. Dans la même collection que le présent livre : lire *Managers, devenez votre propre coach* de Fabrice Piroux.

Plus vous partagerez avec lui la façon dont vous l'accompagnez (en métacommunication), plus vous le rendrez apte à gérer ensuite seul des séquences complètes que vous avez gérées avec lui, et plus vous atteindrez le « nirvana » du manager, qui consiste à ce que l'on n'ait plus besoin de lui ! (pour l'opérationnel s'entend).

Conclusion

Arrivant à la fin de notre voyage, je souhaiterais citer une anecdote concernant un manager très opérationnel rencontré lors d'un stage de formation au management. Il avait réalisé des entretiens annuels seulement deux à trois fois en quinze ans. Il m'expliquait en faire peu, car il n'en voyait pas l'utilité. En l'invitant à en dire plus, il me raconta soudain qu'il en avait un seul bon souvenir, celui-ci se rattachant à lui en tant que salarié. Un chef lui avait dit comment il était perçu dans son service, ce qui ne lui avait pas plaisir, car ça ne coïncidait pas avec sa propre vision. Ce fut un choc sur le coup, mais il en fit son miel et, finalement, il s'en était servi et ça lui avait été utile pour voir certaines choses qu'il n'aurait pas regardées seul. Sans le savoir, quelle plus belle illustration peut-on donner de ce à quoi peut servir un entretien annuel !

Les systémiciens définissent l'information comme une différence faisant la différence. L'entretien annuel peut être, si vous le souhaitez et si votre environnement y est propice, un instrument qui fabrique de l'information, pour l'intérêt commun de l'organisation et des personnes qui la font vivre.

Par ailleurs, vous disposez avec ce support d'un outil cadré pour faire connaissance avec les personnes qui composent votre équipe et vous faire connaître d'elles, sous toutes les facettes qui font de vous et d'eux des êtres uniques, aux idées et aux contributions toutes aussi originales.

Enfin, l'entretien annuel peut vraiment constituer un baromètre de votre management. Plus les échanges y sont mouvementés et les désaccords vifs, tout en conservant une écoute et un respect mutuels profonds, plus vous pouvez vous dire que vous êtes dans votre rôle d'entraîneur de votre *dream team*, qui ne sera jamais plus belle que si vous la construisez à partir de ce qu'elle est et de ce que vous êtes.

Cela nécessite de se regarder faire, sans complaisance, d'accepter d'apprendre à modifier certaines de vos perceptions et de vos façons d'agir. Cela nécessite aussi d'embrasser votre rôle de manager dans toute sa dimension humaine, ce qui ne peut que renforcer votre plaisir à vous savoir dans le juste et à y entraîner les autres autour de vous.

Nous espérons, par cet ouvrage, avoir contribué à faire de vos entretiens annuels des moments incontournables de cette belle aventure collective qu'est le management.

ANNEXES ET
FICHES TECHNIQUES

Analyse de vos modes de pensées

Ce questionnaire ne remplace ni votre avis, ni celui que vous pourriez recueillir autour de vous. Il a pour vocation à vous conforter ou à vous permettre de découvrir des aspects qui auraient pu rester inexplorés de vous.

EN PRATIQUE

Pour mieux comprendre comment fonctionnent vos pensées, merci de tenir compte de ces quelques précisions sur la façon de répondre aux questions :

- Répondez le plus honnêtement possible, car la qualité des résultats en dépend. Ne répondez donc pas en fonction de la personne idéale que vous voudriez être ou de ce que vous croyez que l'on attend, répondez en fonction de ce que vous faites et pensez vraiment.
- Sachez qu'il n'y a pas de bonnes ou de mauvaises réponses : il y a celles qui sont plus ou moins proches de ce que vous pensez et faites réellement.
- Efforcez-vous de raisonner globalement et non de vous attacher à quelques situations particulières.

Cotez de 0 à 5 les affirmations suivantes, selon l'ordre suivant : de 0 (vous êtes complètement en désaccord avec la proposition) à 5 (vous êtes tout à fait d'accord avec la proposition) :

- 0 : je ne suis pas du tout d'accord avec cette proposition ;
- 1 : je ne suis plutôt pas d'accord avec cette proposition ;
- 2 : je ne suis ni en accord ni en désaccord avec cette proposition ;
- 3 : je suis un peu en accord avec cette proposition ;
- 4 : je suis plutôt d'accord avec cette proposition ;
- 5 : je suis tout à fait d'accord avec cette proposition.

	VOTRE COTATION
1. Pour réaliser une tâche, il est indispensable d'en comprendre parfaitement les tenants et aboutissants	
2. Si je ne suis pas sûr de réaliser parfaitement ce que j'ai à faire, je préfère renoncer	
3. Je dois réussir tout ce que je fais, sinon cela signifie que je ne suis pas bon	
4. Mes performances reflètent parfaitement ma valeur personnelle	
5. Je me débrouille toujours pour faire tout le travail que l'on me donne	
6. Le temps passé à améliorer la qualité d'un travail n'est jamais perdu	
7. Je ne suis pas du genre à refuser du travail, même si je suis déjà bien occupé	
8. Le travail prime sur mon temps de loisir	
9. Je doute facilement de moi lorsque je rate quelque chose	
10. Je dois être capable de faire plusieurs choses à la fois	
11. Ceux qui disent ne pas pouvoir faire ce que l'on leur demande ne font pas d'efforts suffisants	
12. Je mets un point d'honneur à ce que ma part personnelle d'un travail collectif soit irréprochable	
13. J'ai l'impression que les autres remettent ma valeur en cause lorsque j'ai réalisé une contre-performance	
14. J'ai besoin d'être tenu informé dans les moindres détails de ce que font mes collaborateurs	
15. 24 heures, ce n'est jamais assez dans une journée	
16. Être inactif veut dire être inutile	
17. J'ai du mal à supporter ce que je n'ai pas pu prévoir	
18. Toute activité doit servir à quelque chose, sinon c'est du temps de perdu	
19. Je n'aime pas devoir aller vite et rendre un travail imparfait	
20. Quand je n'ai pas prise sur l'ensemble des paramètres qui constituent mon travail, je suis mal à l'aise	

Corrections du questionnaire

Cinq dimensions sont mesurées grâce au questionnaire que vous avez rempli. Les scores sont sur 20 au maximum. Reportez les nombres de points en face des questions correspondantes et faites vos totaux par colonne.

UT		P		CV		AL		HC	
Item	Nombre de points	Item	Nombre de points	Item	Nombre de points	Item	Nombre de points	Item	Nombre de points
10		2		3		5		1	
15		6		4		7		14	
16		12		9		8		17	
18		19		13		11		20	
Total		Total		Total		Total		Total	

Plus vous avez une note élevée à l'une des dimensions, plus ce trait est marqué chez vous et risque de vous « piéger », c'est-à-dire de limiter la souplesse de comportement dont vous pourriez avoir besoin pour vous adapter à votre environnement.

Dans ce qui suit, nous indiquons les inconvénients de ces schémas de pensée :

• **UT = l'urgence du temps** : plus votre note est élevée, plus vous êtes dans l'urgence du temps. Or, comme dans la réalité tout temps ne peut pas être productif, le moindre contretemps ou imprévu devient stressant pour vous. De plus, vous pouvez manquer de recul sur l'efficacité du temps tel que vous l'utilisez. En outre, comme vous avez tendance à bourrer vos journées d'activités, vous risquez d'avoir du mal à vous détendre en fin de journée et de ne pas assez récupérer d'énergie, avec ces agendas si bien remplis, la surchauffe étant alors possible. Enfin, vous risquez de faire preuve d'impatience et d'agressivité dès qu'il vous faut tolérer un rythme moins enlevé que le vôtre, comme c'est le cas en management. Vous pourrez manquer particulièrement de patience face au temps de l'apprentissage d'autrui, et cela pourra induire du stress inhibiteur autour de vous et nuire à la qualité de vos relations.

- **P = le perfectionnisme** : plus vous avez une note élevée, plus vous êtes perfectionniste[1]. Or, comme la réalité n'est jamais parfaite, il y a toujours un décalage entre ce que vous voudriez et ce qui est. Ce décalage peut accentuer votre impression de frustration, de tension et celle que vous ressentez à l'égard des autres. De plus, cela vous handicape pour suivre sereinement la progression de vos collaborateurs qui ne peuvent atteindre la perfection immédiatement ! Vous risquez de ne pas être assez patient et valorisant envers eux et de freiner leur développement finalement (vous ne les incitez pas à oser, de crainte qu'ils ne puissent répondre à votre exigence immédiatement). En outre, comme vous regardez toujours ce que vous auriez dû atteindre et pas le chemin parcouru depuis l'origine, vous pouvez aussi vous décourager ou transmettre de la déception à vos collaborateurs, là où des encouragements auraient été plus utiles et efficaces. Enfin, vous avez tendance à vouloir que l'on adopte *vos* idées, les considérant inconsciemment comme les meilleures, et risquez de brider la créativité de vos collaborateurs et leur prise d'autonomie.

- **CV = la confusion entre valeur personnelle et performance** : plus votre note est élevée, plus vous croyez que vous êtes et valez ce que vous faites. Ainsi, vous confondez votre valeur personnelle, qui est très stable dans le temps, avec le résultat de vos performances, qui sont nécessairement inégales. Paradoxalement, c'est souvent une attitude que l'on n'a pas vis-à-vis des autres (notre opinion sur eux n'est pas modifiée par une contre-performance) mais que l'on a ou que l'on leur prête dès qu'il s'agit de soi-même. Cette confusion est très stressante, car elle vous soumet (et surtout l'opinion que vous avez de vous-mêmes) à des aléas normaux. Elle rend très difficile la remise en question de vos comportements, pourtant nécessaire dans les environnements actuels de travail. Vous risquez de ne pas être capable d'entendre des critiques, destinées pourtant à vous améliorer, prenant au tragique toute remarque. Vous risquez ainsi de faire se tarir le courant précieux des commentaires que l'on vous fait sur vous-même, et ainsi de vous scléroser. Vous risquez, par manque de recul, de ne pas être capable de savourer vos succès et de

---

1. Pour aller plus loin sur ce piège classique chez tout un chacun, lisez l'excellent ouvrage de notre confrère : Frédéric Fanget, *Toujours mieux ! Psychologie du perfectionnisme*, Odile Jacob, 2006.

souffrir indûment de vos échecs. Vous pouvez aussi prêter aux autres le même trait de fonctionnement, à savoir les critiquer personnellement d'une contre-performance (avec des remarques du type « tu m'as déçu ») et induire un management de type paternaliste, rendant plus difficile leur changement de comportement.

- **AL = l'absence de limites** : plus votre note est élevée, plus vous avez en tête que vous n'avez pas de limites ou que vous ne devez pas en avoir. Ainsi, vous avez toujours le sentiment de ne pas en faire assez, vous vous investissez sans compter, vous n'hésitez pas à vous proposer parfois sur des dossiers sur lesquels vos compétences sont moins à l'œuvre que votre envie d'en être et d'agir. Vous avez tendance à ne pas vous écouter et à négliger les signes de fatigue, témoignant des limites de votre corps et de ses besoins, qui peuvent vous agacer. Or, comme en réalité vous avez des limites, vous risquez l'épuisement professionnel et d'épuiser aussi les autres autour de vous. Vous avez du mal à supporter que tout le monde ne soit pas aussi investi que vous et risquez de confondre le fait de faire beaucoup d'heures avec leur efficacité. Vous risquez de ne pas respecter les frontières vie professionnelle/vie privée, tant pour vous et les vôtres que pour vos collaborateurs.

- **HC = l'hyper-contrôle** : plus votre note est élevée, plus vous avez dans l'idée que tout doit être sous votre contrôle. Or, lorsque vous vous retrouvez confronté à une situation imprévue ou pas parfaitement contrôlée, elle est immédiatement assimilée à un danger, ce qui vous stresse et diminue votre souplesse adaptative. De plus, cela vous gêne dans la nécessaire confiance à l'œuvre dans le management des autres. En effet, vous avez du mal à déléguer, vous dirigez et contrôlez des personnes que vous pourriez laisser davantage autonomes. Cela peut générer de la frustration chez l'autre et une perte d'efficacité de votre temps managérial, car vous pourriez faire quelque chose ayant plus de valeur ajoutée. Enfin, vous avez du mal à accepter que l'on puisse faire différemment de vous : par exemple, à vos yeux, quelqu'un qui ne prépare pas ses réunions systématiquement un mois à l'avance n'est pas sérieux, etc.

Ces cinq dimensions sont cognitives, c'est-à-dire qu'elles ont trait à nos schémas de pensée. Elles influencent notre mode de traitement de l'information, ainsi que nos modes d'action qui en découlent.

Que concluez-vous sur vos modes de pensée de ce qui précède ?
Si vous repérez chez vous certains schémas de pensée posant problème, listez-en les conséquences négatives.
Qu'avez-vous envie d'en tirer comme axe de travail ?

....
....
....
....
....
....

(Reportez-vous à la fiche technique 7, p. 177-178, pour inclure vos données dans votre plan d'action personnel.)

Visions des managers et des collaborateurs au sujet de l'entretien annuel

REPRÉSENTATIONS ET ÉMOTIONS DES MANAGERS		
Représentations (ce que les managers se disent)	Émotions (ce qu'ils ressentent)	Conséquences sur les comportements qu'ils adoptent en entretien et risques consécutifs
« L'entretien annuel, ça ne sert à rien ou, si ça sert, ce n'est pas tout le temps ! »		
« L'entretien annuel, ça ne sert à rien, car c'est toute l'année qu'il faut se parler ! »	Impatience Agacement	Comportement : – manque d'observation et de suivi des entretiens – entretien écourté et manque d'exploration approfondie de la vision qu'ont les collaborateurs de leur travail Risques : – manque de connaissance des collaborateurs – moindre qualité des décisions RH les concernant – à terme, défaut de développement des collaborateurs
« C'est du temps de perdu, car chacun reste sur ses positions ! »	Frustration Dépit	Comportement : écoute sélective (n'entendre que ce qui confirme la pensée préétablie) Risque : dégradation relationnelle et désinvestissement des collaborateurs
« Ça prend trop de temps pour un résultat trop limité ! »	Impatience Énervement	Comportement : – écoute sélective – agressivité, si le collaborateur s'étend trop au goût du manager Risques : – dégradation relationnelle (manque d'égard) – désinvestissement des collaborateurs

« C'est bien, mais mes collaborateurs et moi-même n'en avons pas besoin ! »	Désintérêt Ennui	Comportement : – entretiens annuels non réalisés, ou écourtés – réflexion insuffisante concernant la valeur ajoutée du manager vis-à-vis de ses collaborateurs Risques : – ne pas aider les collaborateurs à grandir en compétences et à préparer les changements qui ne manquent jamais d'arriver – les habituer à ne pas être challengés pour s'adapter à l'environnement – leur rendre le coût d'adaptations ultérieures plus difficile
« Les entretiens annuels, je n'en fais qu'avec les jeunes dans le poste ; quand ils sont expérimentés, j'arrête, car ils sont au top ! »	Confiance Satisfaction Plaisir	Comportement : moins de temps accordé à certains collaborateurs qu'à d'autres, voire entretiens annuels qui ne sont plus réalisés ou très succinctement pour les seniors Risques : – ne pas respecter le principe d'équité dû à tous les collaborateurs – si l'on ne pense pas à s'expliquer clairement sur cette différence de traitement, risque de malentendu et d'interprétation – démobilisation des collaborateurs expérimentés, voire risque de maintenir les collaborateurs plus juniors dans des attitudes de dépendance pour conserver l'attention du manager – défaut de challenge des seniors et de leur préparation pour la suite des enjeux adaptatifs auxquels ils auront à faire face
« Les entretiens annuels, j'en fais, il n'y a qu'avec untel que c'est impossible, car on ne se supporte pas, c'est physique ! »	Aversion Répulsion	Comportement : – entretiens annuels non réalisés avec ce collaborateur ou écourtés en restant très politiquement correct, sans se dire quoi que ce soit d'utile ou de confrontant – et par conséquent, abcès non crevé, sur ce qui pose problème entre les protagonistes Risques : – ne pas respecter le principe d'équité dû à tous les collaborateurs – ne pas challenger le collaborateur en question – se satisfaire d'une exception managériale qui peut créer un précédent et dégrader l'ambiance de l'équipe, voire la confiance dans le manager

124

« L'entretien annuel, ça sert à manipuler ! »		
« C'est du temps pour faire passer mes messages (ou ceux de la direction) ! »	Impatience Excitation Valorisation de soi	Comportement : – écoute sélective (car communication de type argumentative) – manque d'observation – agressivité, si le collaborateur contredit ou contre-argumente Risques : – désinvestissement des collaborateurs, dégradation relationnelle – sélection de collaborateurs « en copier/coller »
« Les collabora-teurs ne pensent qu'à demander des augmentations ! »	Suspicion ou méfiance Contrariété	Comportement : – écoute limitée et interprétative (dans le sens de la croyance que *tout* est lié à l'aspect financier) – manque d'exploration suffisante de la logique des collaborateurs – communication de type argumentative Risques : – appauvrissement de la relation – à terme, défaut de développement des collaborateurs par manque de connaissances sur leurs spécificités
« Ce n'est pas mon rôle ! »		
« Je ne suis pas là pour écouter les gens se plaindre ! »	Irritation Dédain	Comportement : – écoute limitée – jugement hâtif et interprétatif dans le sens de la croyance initiale – communication argumentative sur les émotions du genre « ne sentez pas ce que vous sentez » Risques : – blocage du collaborateur et non-réponse à son problème – le manager ne tient pas toutes ses missions – à terme, défaut de développement des collaborateurs et désinvestissement[a]
« Il y a des collabo-rateurs qui n'aiment pas parler, je ne vais quand même pas les y obliger ! »	Gène Souci	Comportement : temps de cet entretien écourté avec eux, sujets abordés non approfondis (questions fermées) Risques : ne pas obtenir des informations utiles pour prendre des décisions RH concernant ces personnes et pour accompagner leur croissance

a. Il est à noter que le manque d'investissement (on entend souvent dire « le manque de motivation ») est une critique fréquente des managers envers leurs équipes. Il est aussi habituel de voir les managers considérer que c'est *la faute* des collaborateurs s'il en est ainsi, alors que le tableau ci-dessus les concernant montre aussi leur part de responsabilité dans ce processus de désinvestissement.

« C'est un exercice difficile à faire ! »		
« Si je dis quoi que ce soit sur ce qui ne va pas, les collaborateurs vont se démotiver ! »	Inquiétude Crainte	Comportement : – tenue de l'entretien différée – critiques enrobées de telle façon qu'elles manquent de clarté Risques : – laisser s'envenimer la situation problématique – créer des malentendus relationnels – à terme, défaut de développement des collaborateurs
« Il y a des collaborateurs qui sont impossibles à stopper ! »	Embarras Déstabilisation Crainte d'être débordé	Comportement : – moment de l'entretien différé – temps de cet entretien écourté – écoute d'une oreille distraite – sujets qui le nécessiteraient non creusés, pour éviter les développements Risques : – ne pas respecter le principe d'équité dû à tous les collaborateurs – ne pas aider les collaborateurs à se remettre en question comme les autres
« Je veux bien en faire, mais quand quelqu'un est émotif, je perds mes moyens, alors je traîne un peu des pieds ! »	Crainte Doute, voire découragement	Comportement : – moment de l'entretien différé – sujets risquant d'amener de l'émotion non creusés (rester à la surface des sujets) Risques : – ne pas solutionner les situations au bon niveau (c'est-à-dire à leurs racines) – laisser s'envenimer des situations, créer des malentendus relationnels – à terme, défaut de développement des collaborateurs
« Si je commence à leur donner la parole, je n'en ai pas fini ! »	Tracas Exaspération	Comportement : pratique des entretiens annuels *a minima* Risques : – que les collaborateurs perçoivent la couleur émotionnellement négative attachée aux entretiens pour leur manager, que cela nourrisse de la méfiance chez eux et de la distance – que le manager apprenne de ce fait plus tardivement certains problèmes et puisse par conséquent moins bien les résoudre

| « Si je les laisse parler, alors ils vont me critiquer ! » | Préoccu-pation Désarroi, voire inquiétude | Comportement : – pratique d'entretiens très cadrés (avec beaucoup de questions fermées, inductrices des réponses), peu approfondis
– justification rapide, voire anticipation de ce que le manager interprète comme une critique
Risques : – dégradation relationnelle avec perte de confiance des collaborateurs
– perte d'occasions pour le manager d'apprendre quelque chose sur leur fonctionnement et, évidemment, difficulté consécutive d'y remédier
– contestation ouverte (ou larvée) du manager |

EN PRATIQUE

Nous vous proposons de réfléchir à partir de ce qui précède, au moyen des questions suivantes :

- Retrouvez-vous des choses que vous vous dites parfois ?
- Quelles façons d'agir cela vous fait-il adopter ?
- Estimez-vous que ces comportements sont porteurs d'efficacité à court et moyen terme, au vu de vos impératifs de manager ?
- Si vous ne vous retrouvez pas dans ce qui précède, que pensez-vous de l'entretien annuel ? Quels liens faites-vous entre votre vision de ce moment managérial et votre façon de les mener ? Quelles conséquences positives et négatives observez-vous dans vos manières de procéder avec vos collaborateurs ?

REPRÉSENTATIONS ET ÉMOTIONS DES COLLABORATEURS		
Représentations (ce que les collabora-teurs se disent)	*Émotions (ce qu'ils ressentent)*	*Conséquences sur les comportements que les collaborateurs adoptent et risques consécutifs*
« L'entretien annuel ne sert à rien ! »		
1. « Les entretiens annuels, ça ne sert strictement à rien, c'est juste de la poudre aux yeux pour que les chefs se fassent plaisir et qu'ils aient l'impression de servir à quelque chose ! »	Sentiment d'être désabusé Détachement, voire cynisme	Comportement : – entretien différé ou écourté de la part du collaborateur – participation en surface (attitude de « béni-oui-oui ») – différences de vue non exprimées (et n'en penser pas moins) Risques : – retrait relationnel du collaborateur – manque d'investissement dans le travail et de valeur ajoutée dans le travail – dégradation de l'ambiance

2. « De toute façon, on ne parle que de ce qui intéresse mon chef ! »	Désillusion Méfiance	Mêmes comportements et mêmes risques qu'en situation 1 avec, en outre, une tendance à interpréter les propos du manager dans le but de repérer les injonctions, et une contestation implicite du manager
3. « Si l'on ne parle pas des augmentations, alors à quoi ça sert ? »	Irritation Désillusion	Mêmes comportements et mêmes risques qu'en situation 1, avec, en outre, un risque de contestation du cadre plus ou moins ouverte de la part du collaborateur agacé
4. « Ce truc-là, ce n'est pas pour les salariés comme nous, nous, on est là pour agir, mais pas pour se prendre la tête ! »	Méfiance Désintérêt	Comportement : implication du collaborateur *a minima* Risques : – Pour le manager : ne pas connaître la personne, ne pas dépister ses potentiels, ses envies et suggestions par rapport au travail – Pour le collaborateur : • ne pas utiliser le moyen d'expression offert pour parler de ce qui est important pour lui dans le travail et perdre une occasion d'être contributif • nourrir une certaine image négative du monde et ne pas progresser
« L'entretien annuel sert à nous manipuler ! »		
5. « Il fait semblant de m'écouter mais son avis est déjà arrêté avant que l'on se voie ! »	Agacement Sentiment d'être manipulé, floué, moqué	Comportement : – entretien différé ou écourté de la part du collaborateur – participation en surface (attitude de « béni-oui-oui ») – réponse par oui ou par non, pour laisser le moins de prise possible à la manipulation – différences de vue non exprimées (et n'en penser pas moins) Risques : – désinvestissement ou retrait relationnel du collaborateur – manque d'implication dans le travail et de valeur ajoutée dans le travail, voire contre-performance

6. « De toute façon, ce truc-là, c'est un enrobage, pour nous faire faire toujours plus de trucs avec toujours moins de moyens ! »	Sentiment d'être désabusé Détachement	*Idem* qu'en situation 5
7. « Si je me débou-tonne là, alors comment va-t-il s'en servir dans l'année ? »	Peur Méfiance	Comportement : – participation à l'entretien en surface (généralités, beaucoup de précautions prises avant de parler) – réponse par oui ou par non, pour laisser le moins de prise possible – énoncé de propos très généraux – différences de vue non exprimées (et n'en penser pas moins) Risques : – pour le collaborateur ne pas être challengé, vivre les relations négativement – pour le manager, impossibilité de creuser suffi-samment les sujets qui mériteraient de l'être
« Mon chef n'est pas comme il faudrait ! »		
8. « Quand on arrive sur un sujet qui fâche, mon chef esquive toujours, alors pour moi, ça ne sert pas à grand-chose ! »	Mépris Désillusion	Comportement : jugement du manque de courage du manager par son collaborateur Risques : – relatif retrait relationnel et manque de confiance consécutif à cette impression – le collaborateur peut ne pas faire appel à son manager sur des situations où cela aurait été utile
9. « Pour me faire des critiques, il est bon, mais pour m'aider à changer, là, il n'y a plus personne ! »	Irritation Frustration	Comportement : jugement du manque de disponi-bilité du manager par son collaborateur Risques : – relatif retrait relationnel et manque de confiance consécutif à cette impression – le collaborateur peut ne pas faire appel à son manager sur des situations où cela aurait été utile – contestation visible et agressive du manager – non-engagement dans les changements demandés – irritation du manager face aux résultats non atteints et dégradation de leur relation

10. « Une fois par an, il s'intéresse à moi et, le reste du temps, il disparaît, alors comprenez que je n'y crois pas ! »	Irritation Dédain, voire mépris	Comportement : – agressivité possible du collaborateur pendant l'entretien – contestation visible, argumentée des comportements du chef – ou retrait relationnel Risques : – confrontation où chacun cherche à accuser l'autre et à se défendre – difficulté à accepter la coresponsabilité des erreurs passées, et donc en rester au constat sans action correctrice derrière, ce qui peut nourrir la frustration des deux parties et dégrader l'ambiance
11. « Avec lui, c'est fait ce que je dis, pas ce que je fais : ses remarques pour m'améliorer, il ferait mieux de se les appliquer à lui d'abord ! »	Agacement Dépit	Jugement du manque d'exemplarité du manager par son collaborateur et risques identiques aux situations 9 & 10
12. « Quoi que je dise, mon chef n'a pas de marge de manœuvre, alors ça ne sert à rien. Il devrait plus nous défendre ! »	Lassitude Incompréhension	Comportement : – entretien différé ou écourté de la part du collaborateur – participation en surface (attitude de « béni-oui-oui ») – différences de vue non exprimées (et n'en penser pas moins) Risques : – désinvestissement relationnel du collaborateur – manque d'implication, d'initiatives du collaborateur – contestation du cadre
13. « Mon chef s'intéresse uniquement à la gestion de sa carrière »	Désillusion Dédain, voire mépris	Jugement du manque d'investissement du manager par son collaborateur et risques identiques à la situation 9

« L'entretien annuel est quelque chose de pas naturel ! »		
14. « Mon chef est aussi mal à l'aise que moi dans cette épreuve ! »	Gène Malaise	Comportement : – tendance à écourter la durée de l'entretien – impossibilité d'aller sur des sujets plus personnels, comme la vision que l'on a de son travail par exemple, pour ne pas mettre l'autre mal à l'aise Risques : – pour le manager, ne pas connaître la personne, ne pas dépister ses potentiels, ses envies et suggestions par rapport au travail – pour le collaborateur, ne pas utiliser ce moyen d'expression offert pour parler de ce qui est important pour lui dans le travail

EN PRATIQUE

Nous vous proposons de réfléchir aux pensées énoncées ci-dessus et qui peuvent se rencontrer chez certains collaborateurs, au moyen des questions suivantes :

• Retrouvez-vous des choses que vous vous dites parfois comme collaborateur ?

• Quelles façons d'agir cela vous fait-il adopter ?

• Estimez-vous que ces comportements sont porteurs d'efficacité à court et moyen terme, au vu de vos impératifs de travail ?

• Si vous ne vous retrouvez pas dans ce qui précède en tant que collaborateur, que pensez-vous de l'entretien annuel et comment cela impacte-t-il sur votre façon d'y participer ? Quelles conséquences positives et négatives observez-vous suite à ces manières de procéder avec vos supérieurs hiérarchiques ?

• En tant que manager, quand vous lisez ce qui précède, quel effet cela a-t-il sur vous ?

• Retrouvez-vous des choses que vous pensez que certains de vos collaborateurs songent à propos de l'entretien annuel ? Comment faites-vous avec eux ? Quelles conséquences positives ou négatives ont vos actions ?

• En tant que manager, quels axes concrets dégagez-vous de ces analyses, pour modifier vos façons de faire en entretien ?

(Reportez-vous à la fiche technique 7, p. 177-178, pour inclure vos données dans votre plan d'action personnel.)

Analyse de votre pratique des entretiens annuels

Ce questionnaire ne remplace ni votre avis, ni celui que vous pourriez recueillir autour de vous. Il a pour vocation à vous conforter et à vous permettre de découvrir des aspects qui auraient pu rester inexplorés de vous.

EN PRATIQUE

Quelques précisions sur la façon de répondre aux questions :
- Répondez le plus honnêtement possible, car la qualité des résultats en dépend. Ne répondez donc pas en fonction de la personne idéale que vous voudriez être ou de ce que vous croyez que l'on attend, répondez en fonction de ce que vous faites et pensez vraiment.
- Sachez qu'il n'y a pas de bonnes ou de mauvaises réponses : il y a celles qui sont plus ou moins proches de ce que vous pensez et faites réellement.
- Efforcez-vous de raisonner globalement et non de vous attacher à quelques situations particulières.

Cotez de 0 à 5 les affirmations suivantes, selon les indications suivantes :
- 0 : cette proposition n'est pas du tout en accord avec ma pratique de l'entretien annuel ;
- 1 : cette proposition n'est plutôt pas en accord avec ma pratique ;
- 2 : cette proposition est ni en accord ni en désaccord avec ma pratique ;
- 3 : cette proposition est un peu en accord avec ma pratique ;
- 4 : cette proposition est plutôt en accord avec ma pratique ;
- 5 : cette proposition est tout à fait en accord avec ma pratique.

	VOTRE COTATION
1. Si je suis honnête, je n'aime pas trop passer beaucoup de temps pour aider un collaborateur à changer ses habitudes de travail	
2. Je déteste dire non, surtout à un collaborateur	
3. Je ne sais pas toujours où je vais, mais l'essentiel est d'y aller, de se mettre en mouvement	
4. Noter des faits au sujet de mes collaborateurs, je trouve ça tatillon : pour moi, ça s'apparenterait à du flicage	
5. J'estime qu'un strict contrôle de soi est essentiel en entretien annuel et je ne laisse jamais rien paraître de ce que je sens à cette occasion	
6. J'aime les entretiens annuels courts et concis, et ma communication est ciblée pour que cela se passe bien ainsi	
7. Je considère que c'est à chacun de faire à sa façon, une fois les directions données : ça n'est pas mon rôle d'entrer dans ce niveau de détail	
8. En entretien annuel, ça m'énerve quand on ne comprend pas ce que je veux	
9. Je me rappelle en général un mois avant que les entretiens annuels vont avoir lieu et, là, je contrôle tout bien à fond chez mes collaborateurs pour préparer l'échéance	
10. J'aime rendre service, même quand je suis à la limite de mes attributions	
11. J'évite absolument que mes collaborateurs soient démotivés après un entretien annuel : je ne suis pas là pour ça	
12. Je n'hésite pas à donner très vite mon avis en entretien annuel pour gagner du temps et ne pas tergiverser	
13. Pour moi, il vaut mieux se taire que de blesser ses collaborateurs, ils ont assez de pression comme ça	
14. Le fait qu'un collaborateur risque d'avoir la larme à l'œil en entretien annuel me gêne beaucoup	
15. Je donne les grandes lignes des objectifs en entretien annuel et je fais confiance à chacun pour déployer seul ensuite : je n'ai pas à être toujours dans leur dos	

134

16. Mon rôle est d'être toujours disponible pour aider mes collaborateurs à faire leur travail	
17. J'évite les silences en entretien annuel, ça gêne autrui	
18. Pour moi, être sollicité pour aider quelqu'un qui ne sait pas faire et le faire pour lui est positif	
19. Quand je ressens un malaise en entretien annuel, je sais en faire abstraction, même s'il est répétitif avec la même personne	
20. Un bon manager doit être aimé de ses troupes	
21. Pour mieux faire passer mes critiques, je les enrobe d'éloges	
22. Dans une équipe, je sens les bons et les mauvais très vite	
23. Il faut avouer que je n'écoute pas toujours à fond mes collaborateurs, car certains disent toujours les mêmes choses	
24. Je pense qu'un manager doit faire passer ses besoins après ceux de ses collaborateurs	
25. Pour moi, manager c'est bien, mais il ne faut pas oublier la technique, sinon on n'est pas crédible	
26. Grâce à mon expérience, je dépiste très vite ceux qui sont de mauvaise foi et ceux qui veulent se tourner les pouces	
27. Entre un bon dossier technique et prendre du temps pour réfléchir sur l'avenir, je n'hésite pas : l'action est plus énergisante que la « cogitation »	
28. Dire que l'on ne sait pas, que l'on est inquiet, c'est se montrer faible et c'est toujours dangereux en entretien annuel	
29. Faire faire c'est bien, mais c'est souvent plus efficace de faire soi-même (et, en plus, c'est généralement mieux fait)	
30. Pour moi, un suivi annuel des entretiens d'appréciation est largement suffisant, vu mes autres tâches	
31. Je déteste les sollicitations imprévues	
32. C'est agaçant, quand les gens ne font pas ce à quoi ils se sont engagés en entretien annuel, ça oblige à rabâcher, et on a vraiment autre chose à faire	
33. Je n'ai pas besoin d'attendre longtemps pour tirer des conclusions : un bon exemple vaut mieux que tout	

34. En entretien annuel, je mets un point d'honneur à écouter sans jamais interrompre	
35. Pour moi, manager c'est donner des instructions strictes et ensuite laisser faire	
36. Les questions brèves sont les plus efficaces en entretien annuel, comme ça, on sait immédiatement où l'on va	
37. J'ai toutes les informations en tête sur mes collaborateurs et donc, point besoin de trop préparer nos entretiens annuels	
38. Je n'aime pas parler de sentiments en entretien annuel, je trouve ça « hypersensible »	
39. Je suis rarement mes collaborateurs en « coaching terrain », par manque de temps	
40. Dans le management, il est impératif d'en savoir plus que les collaborateurs pour être en mesure de les conseiller au mieux, mais aussi pour les contrôler	
41. Je formule mes demandes de changement sous forme de suggestions pour ne pas froisser le collaborateur	
42. L'essentiel de mon entretien est consacré à faire passer des messages : le moment est idéal !	
43. Je m'interroge rarement, pour savoir si ce que je fais est toujours utile et optimal	
44. Dans l'entretien annuel, j'aime le côté mobilisateur, mais pas entrer dans les détails de la façon de faire pour déployer	
45. Je gère souvent des malentendus, car les gens comprennent mal ce que je leur demande	
46. Je sais en cinq minutes dire à chacun de mes collaborateurs ses deux points forts et ses deux points à travailler, sans me poser de questions	
47. Dans mon travail, tout est important et urgent	
48. Pour enseigner ce que je sais, rien de mieux qu'une bonne explication	
49. En entretien, je bétonne mes arguments pour qu'on adhère à ma vision	

Correction du questionnaire

En fonction de la correspondance entre les questions et les sept dimensions qui suivent, notez votre nombre de points dans chaque colonne et faites vos totaux.

V		P		O		D		E		M		A	
Qst	Nb de points	Qst	Nb de points	Qst	Nb de points	Qst	Nb de points	Qst	Nb de points	Qst	Nb de points	Qst	Nb de points
3		10		4		2		6		5		1	
16		18		9		11		12		8		7	
20		24		22		13		17		14		15	
25		27		26		21		23		19		30	
29		31		33		34		36		28		39	
35		43		37		41		42		32		44	
40		47		46		45		49		38		48	
Total		Total		Total		Total		Total		Total		Total	

Les dimensions managériales utiles pour l'entretien annuel sont les suivantes :

- V pour avoir une vision ;
- P pour prioriser ;
- O pour observer ;
- D pour dire les choses clairement ;
- E pour écouter activement ;
- M pour gérer des émotions ;
- A pour accompagner des collaborateurs.

Plus votre score est élevé, plus nous vous recommandons de travailler les compétences comportementales en question. Plus votre score est bas, à l'inverse, plus vous pouvez considérer que cette dimension est maîtrisée chez vous.

Si vous souhaitez vous positionner face à une moyenne, sachez qu'elle se situe à 17 sur chaque dimension. Plus vos résultats s'éloignent de ce chiffre, plus ils sont intéressants à considérer, que cela soit en « plus » ou en « moins ».

Si vous ne vous reconnaissez pas dans les résultats (découverte d'un point faible sur lequel vous êtes en désaccord ou d'une qualité que vous ne pensiez pas avoir), nous vous invitons tout de même à lire le chapitre sur la compétence en question. Ensuite, observez-vous au quotidien, pour voir s'il n'y aurait pas tout de même un peu de vrai dans ces données.

Cas concrets de management d'entretien annuel

Objectifs : Si vous souhaitez appliquer les connaissances que vous venez d'acquérir tant sur le modèle comportemental que sur la communication, nous vous proposons de lire ces différents cas. Cela vous permettra d'analyser des situations créées à partir d'éléments réels et d'augmenter vos qualités d'analyse de management. En effet, ces situations présentent différemment les contenus déjà vus dans le cœur de l'ouvrage à partir de cas plus complexes que lors de l'exposé principal.

Chaque situation vous invitera à :

- réfléchir sur la vision qu'a le manager de l'entretien annuel ainsi que sur ses représentations (et, par ricochet, aux vôtres aussi) ;
- identifier les erreurs de management qu'il commet ;
- retrouver à partir des propositions de correction les idées clés déjà découvertes dans le corps du livre, présentées de façon plus concrète.

Chacun de ces cas concrets sera structuré ainsi :

- récit d'une situation de management ;
- partie vous invitant à réfléchir sur le management pratiqué et à donner votre avis sur la façon dont le manager gère ses entretiens annuels (vos hypothèses d'analyse) ;
- présentation de propositions d'analyse et de suggestions méthodologiques ;
- réflexion sur les représentations du manager, sur ses erreurs de raisonnement et leurs conséquences ;
- renvoi sur les chapitres traitant des compétences comportementales qui manquent à chaque manager ;
- pense-bête des éléments clés à retenir.

NOMS DES CAS	COMPÉTENCE CORRESPONDANTE	
Mme Dutant Pourien ou la passion du contact (p. 140-143)	Vision du rôle de manager	p. 70-74
Mme Dussolide ou la force des convictions (p. 143-146)	Priorisation	p. 74-78
M. Dupêchu ou l'amour du terrain (p. 146)	Observation	p. 79-83
M. Duprofond ou une vocation ratée (p. 149-152)	Dire les choses, cadrer (assertivité)	p. 84-91
M. Dubalaid ou le nettoyage par le vide (p. 153-155)	Écoute active	p. 91-98
M. Duvelours ou monter deux marches à la fois et tomber de haut (p. 155-159)	Gestion des émotions	p. 99-106
Mlle Duflou ou se retrouver dans les choux (p. 159-163)	Accompagnement des collaborateurs	p. 106-112

Mme Dutant Pourien ou la passion du contact

Mme Dutant Pourien a le contact chevillé au corps. Elle est directrice de magasin et gère quinze chefs de rayon, avec une passion du service que ses collaborateurs et ses clients lui rendent bien. Elle ne voit pas l'intérêt des entretiens annuels et le dit haut et fort à sa direction régionale : « Je connais bien mes troupes, on forme une grande famille où l'on se dit les choses comme on les sent. Je les vois tous les jours. On n'est pas du genre à s'asseoir deux heures pour se dire ce que l'on sait par cœur. » Récemment, dans le cadre de la mise en place du droit individuel à la formation (DIF), elle constate toutefois avec étonnement que deux de ses chefs de rayon ont fait des demandes de formation, dont une qualifiante, qu'elle a mal prise, car elles ne lui en avaient pas parlé avant. De plus, elle est vexée que son adjointe, qu'elle avait prise sous son aile et à laquelle elle apprenait le métier dans le projet (resté secret qu'elle lui succède à son départ en retraite dans sept ans), ait fait savoir à la DRH qu'elle souhaitait évoluer dans le groupe sur les fonctions achats centralisés. Mme Dutant Pourien la juge bien ingrate et jure que c'est bien la dernière fois qu'elle investit ainsi dans quelqu'un, s'estimant plus que trahie. Elle sait pourtant qu'elle ne se refera pas et repartira, au bout de quelque temps, avec un autre poulain, car elle est comme ça, « généreuse et passionnée ».

Quelles sont vos hypothèses sur la logique de Mme Dutant Pourien et sur l'efficacité de son dispositif d'entretien annuel ?

....

....

....

....

....

Proposition d'analyses et recommandations

Mme Dutant Pourien confond ses besoins et sa motivation avec ceux de ses collaborateurs. Comme ils travaillent ensemble chaque jour, elle estime pouvoir se passer d'un moment plus formel centré exclusivement sur la personne du salarié, ses désirs et ses aptitudes, et non sur son travail quotidien ou son chiffre d'affaires. Le fait que ses chefs de rayon confient à d'autres leurs envies et souhaits d'évolution témoigne bien du manque ressenti dans leurs relations à leur supérieure directe.

Elle pratique un management paternaliste, où, guidée par sa bienveillance, elle croit savoir de quoi l'autre a besoin (ainsi, elle a un plan de progression pour son adjointe pour dans sept ans, sans le lui avoir dit, d'ailleurs). Elle fait l'économie d'une écoute focalisée sur ses collaborateurs, en s'appuyant sur ce qu'elle croit savoir d'eux. La conséquence en est ici une distance que prennent les collaborateurs vis-à-vis de leur manager et une information tardive de Mme Dutant Pourien sur les modifications prévisibles de ses effectifs.

Quelles sont vos hypothèses sur les schémas de pensée de Mme Dutant Pourien ?
Quels risques prend Mme Dutant Pourien en pensant de cette manière ?
Quelles sont les erreurs de son raisonnement ?

....

....

....

....

....

Propositions de schémas de pensée de Mme Dutant Pourien et remarques sur les risques pris par ce manager

- « Si je manage avec cœur, alors les équipes suivront avec enthousiasme comme dans une famille. »
- « Comme on se connaît très bien par le travail quotidien, il est inutile de perdre du temps à se dire les mêmes choses lors d'un entretien formel. »
- « Il ne faut pas compter sur les autres, car, tôt ou tard, ils sont ingrats et vous déçoivent. »

Mme Dutant Pourien présente une confusion dans sa pensée entre sa valeur personnelle et son rôle professionnel ou sa performance[1]. Ainsi, quand elle apprend que ses collaborateurs veulent changer de poste, elle le prend comme un désaveu de sa personne. Elle prend l'événement et le juge à l'aune de son investissement personnel, au lieu de l'analyser par le prisme des règles du jeu professionnel, avec recul. Cela est une erreur de raisonnement classique, liée au management paternaliste, très impliqué émotionnellement (voire trop).

De plus, elle est autocentrée, c'est-à-dire qu'elle raisonne en fonction de ce qu'elle vivrait ou penserait dans la situation, et non pas en fonction de ce que quelqu'un d'autre pourrait vivre différemment. Cela fragilise donc son écoute d'autrui et son analyse objective des situations. Ainsi, quand elle conclut que les gens sont des ingrats et se propose de moins s'investir à l'avenir, elle risque de rompre avec les exigences de son rôle de manager. De plus, son raisonnement est guidé simplement par ses émotions, et non par une analyse étayée sur des observations objectives.

La situation de Mme Dutant Pourien illustre des cas de management très terrain, où les encadrants ne prennent pas assez de recul sur leur fonction de management, au-delà du *business* et de l'opérationnel pur. Si leur environnement ne les questionne pas sur « ce à quoi ils servent », ils ont tendance à répondre uniquement en termes de performance à court terme, sans envisager aussi leur rôle de développement des aptitudes de leurs collaborateurs.

---

1. *Cf.* auto-questionnaire en annexe n° 1, p. 120.

Renvoi sur les compétences comportementales

* **Vision du rôle de manager** principalement (p. 70 à 74).
* Ainsi que compétences d'observation, de priorisation, d'écoute et d'accompagnement.

---- *À retenir* ----

*Nous avons tous commis l'erreur de croire que l'autre fonctionnait comme nous et, s'il ne le faisait pas, qu'il devrait au moins y tendre ! Cette erreur, somme toute banalement humaine, peut s'avérer cuisante en management. Donc, il faut se souvenir que chacun raisonne et ressent des choses différentes de moi, ce qui influe sur ses actions. Par ailleurs, surtout quand on adopte un management très opérationnel, il est utile de se poser la question : **comment ce management prépare-t-il à l'avenir ?** Cela permet de mieux voir que les priorités d'aujourd'hui hypothèquent parfois celles de demain, et ainsi de rectifier le tir.*

Mme Dussolide ou la force des convictions

Mme Dussolide dirige le service marketing d'un grand groupe français, leader sur son marché. Elle est fière d'y travailler et est très contente de son équipe de jeunes diplômés très investis. Elle aime l'entretien annuel qui lui sert à transmettre ses impressions, ses intuitions, à impulser ses visions et à faire partager sa passion du client. Elle a toutefois été gênée récemment qu'un de ses collaborateurs prenne mal la demande qu'elle lui avait faite de travailler sa proactivité. Pour Mme Dussolide, c'était évident à comprendre ; même si elle avait du mal à retrouver des cas précis, elle était sûre de ses impressions. Son *feeling* est d'ailleurs pour elle un guide précieux dans son métier. De même, au point de mi-année, elle a réalisé que son adjoint n'avait rien mis en œuvre du plan d'action décidé en entretien annuel, où elle lui demandait d'anticiper plus les besoins des clients. Elle s'est alors fâchée tout rouge. Il lui a répliqué que, pour lui, les dossiers opérationnels déjà engagés étaient prioritaires, comme elle le leur rappelait d'ailleurs régulièrement. Mme Dussolide se demande finalement si ses collaborateurs sont si bons que ça !

Quelles sont vos hypothèses sur la logique de Mme Dussolide et sur l'efficacité de son dispositif d'entretien annuel ?

....

....

....

....

....

Proposition d'analyses et recommandations

Mme Dussolide manque d'observations fines pour étayer ses évaluations en entretien annuel. Elle se heurte donc à un risque de contestation légitime de ses avis. Ce risque peut même se cristalliser et entacher, à plus ou moins brève échéance, sa légitimité managériale.

Par ailleurs, elle manque d'exemplarité. En effet, elle demande, d'un côté, à ses collaborateurs de travailler des axes de progrès comportementaux (proactivité, anticipation) et, de l'autre, elle leur donne un message contradictoire dans son management au quotidien, priorisant la maîtrise opérationnelle à court terme des dossiers. Face à cette contradiction entre actes et discours, les collaborateurs privilégient alors le message qui est le plus fréquent, résonne le plus fort et qui leur permet de maximiser leur confort et leur plaisir (n'oublions pas qu'il y a de l'inconfort à changer de comportement, même si c'est pertinent !).

De plus, elle ne suit pas d'assez près ses collaborateurs. En effet, si l'on dispose d'un cadre d'entreprise où deux entretiens managériaux sont programmés par an, cela ne signifie pas qu'il faille s'en contenter pour suivre les objectifs fixés, surtout s'ils concernent des comportements à changer, toujours délicats à modifier seul.

Enfin, Mme Dussolide raisonne en tout ou rien, sans remise en cause de ses propres comportements (perfectionnisme)[1]. Comme cela ne se passe pas comme elle le voudrait avec ses collaborateurs, elle leur en impute l'entière responsabilité : « Ils ne sont pas si bons que ça ! » En se questionnant sur l'impact de ses propres façons de procéder, Mme Dussolide augmenterait sa conscience de la complexité des relations humaines. Elle développerait aussi sa capacité à modifier des paramètres de ses relations aux autres, pour faciliter le changement de l'autre à son tour.

---

1. *Cf.* auto-questionnaire en annexe n° 1, p. 120.

144

Quelles sont vos hypothèses sur les schémas de pensée de Mme Dussolide ?
Quels risques prend Mme Dussolide en pensant de cette manière ?
Quelles sont les erreurs de son raisonnement ?

....
....
....
....
....
....
....

Propositions de schémas de pensée de Mme Dussolide et remarques sur les risques pris par ce manager

- « Une intuition se suit et ne se discute pas, surtout dans les métiers créatifs où il faut sentir le client. »
- « Ce qui est évident pour moi devrait l'être pour l'autre. »
- « Il suffit de demander quelque chose pour que ça soit exécuté, surtout avec des collaborateurs intelligents. »

Mme Dussolide commet l'erreur d'appliquer un raisonnement lié à son activité de marketing à celle du management, régi par d'autres règles. De plus, il n'est pas si sûr que sa valorisation extrême de l'intuition ne puisse pas être mise au défi. On pourrait ainsi la faire réfléchir sur sa pensée, la pousser dans ses retranchements : est-ce toujours vrai, même en marketing ? N'y a-t-il donc aucun indicateur objectif pour fonder des décisions, tant en marketing qu'en management ? Etc.

Par ailleurs, Mme Dussolide associe l'intelligence à la facilité de changer de comportement, ce qui n'a rien à voir. Quelle que soit notre intelligence, quand il s'agit de changer des habitudes, c'est difficile pour tout le monde !

Renvoi sur les compétences comportementales

- **Priorisation**, principalement (p. 74 à 78).
- Ainsi que compétences de cadrage de l'entretien annuel, d'observation et d'accompagnement.

À retenir

*Un entretien annuel se prépare et se suit comme tout dossier opération-
nel. Ce n'est pas un moment managérial isolé, suffisant en lui-même
pour engager la mobilisation des troupes pendant six mois ou un an.
L'entretien annuel est inefficace aussi pour enclencher des changements
de comportements ancrés ou des habitudes acquises, surtout quand le
manager annonce donner de l'importance à cet entretien mais démontre
ensuite dans les faits l'inverse dans les comportements qu'il manifeste. Si
l'entretien annuel est un moment capital de management pour vous, tout
dans votre comportement managérial doit incarner cette priorité que vous
annoncez et cela durant toute l'année.*

M. Dupêchu ou l'amour du terrain

M. Dupêchu est directeur commercial et travaille pour une grande
enseigne, rompu à la dure école des négociations avec la grande distribu-
tion depuis plus de vingt-cinq ans. Il a souvent été sacré meilleur vendeur
national, quand il était sur le terrain lui-même. Il a le bagou et l'énergie
nécessaire pour manger du kilomètre sur toutes les routes de France et
garder en toutes circonstances une « pêche d'enfer », malgré les deux
infarctus qui l'ont atteint ces trois dernières années et mène son équipe à
ce régime sur-vitaminé. Il consacre, montre en main, trente minutes à
chaque entretien annuel, en argumentant ainsi les choses : « C'est chaque
jour que les objectifs se font, et sur le terrain encore. Moi, je veux des
fonceurs. Et puis, je ne suis pas assistante sociale ou psychologue : si les gars
ont des états d'âme, moi je ne les retiens pas… n'oublions pas que, je ne
suis pas là pour ça, mais pour les clients ; et, eux aussi, qu'ils ne l'oublient
pas ! » Il n'hésite pas, ainsi, à couper ses collaborateurs qui s'étalent trop à
son goût et les recadre, en leur rappelant sa façon de voir. Il a enfin
tendance à décaler les rendez-vous d'entretien annuel, plusieurs fois si les
clients l'y obligent, et à les réaliser fort tard et sur le site des hypermarchés,
preuve pour lui que ses gars sont encore assez motivés. D'ailleurs, il vit
plutôt bien ses résultats de *turnover*, bien qu'ils soient mauvais au regard
des statistiques de son entreprise. En effet, il considère que ceux qui partent
n'étaient pas faits pour le métier.

Quelles sont vos hypothèses sur la logique de fonctionnement de M. Dupêchu et sur l'efficacité de son dispositif d'entretien annuel ?

....

....

....

....

Proposition d'analyses et recommandations

M. Dupêchu présente les caractéristiques d'un manager devenu gestionnaire d'équipe, parce qu'il était bon, voire très bon dans un domaine, ici la vente, avec des clients spécifiques. Il fonctionne sur des convictions fortes, qui ont indéniablement un effet mobilisateur pour lui et aussi pour les autres, surtout dans un domaine d'activité exigeant de la réactivité. Il a donc les résultats que l'on attend de lui. Toutefois, il présente aussi le risque du management « photocopieur », c'est-à-dire qu'il manifeste la tendance à ne sélectionner *que* des gens qui fonctionnent comme lui. Dès lors, il risque de ne pas assez rendre compte de la diversité des profils présente chez ses clients.

De plus, en étant tous identiques, on a moins l'opportunité d'entendre les signaux faibles en provenance du marché et on risque de moins bien s'adapter aux changements, mû que l'on est alors par la conviction d'avoir toujours raison.

Enfin, M. Dupêchu semble ne pas avoir réalisé qu'être vendeur et devenir manager n'est pas le même métier, même si les deux sont au service des clients et de la performance économique.

N'oublions pas, pour finir, que le coût, qu'il a déjà payé en matière de santé, ainsi que le *turnover* dans son équipe ont aussi à voir avec son rythme effréné, dont l'efficacité mériterait d'être « challengée », avec doigté, par son directeur général.

Quelles sont vos hypothèses sur les schémas de pensée de M. Dupêchu ?
Quels risques prend M. Dupêchu en pensant de cette manière ?
Quelles sont les erreurs de son raisonnement ?

....

....

....

Propositions de schémas de pensée de M. Dupêchu et remarques sur les risques pris par ce manager

- « Aller vite, c'est en faire plus et c'est la seule façon d'être efficace. »
- « Écouter les collaborateurs qui se posent trop de questions, c'est perdre son temps. »
- « Je connais le terrain, donc ma façon de voir est la bonne et en la transmettant à mes équipes, je leur fais gagner du temps. »
- « Il faut faire beaucoup d'heures pour être efficace. »

M. Dupêchu risque de ressentir en entretien annuel de l'impatience et de l'irritation, en raison de ses modes de pensée, de type « urgence du temps et absence de limites »[1]. Il aura donc tendance, de par cette pensée et ces émotions, à couper la parole de son interlocuteur, vouloir argumenter dans le sens de sa pensée à lui. De plus, il est possible qu'il ait peu préparé l'entretien, voulant aller vite, et qu'il interprète tout aussi vite des signes qui nourriront son *feed-back* à ses collaborateurs, ce qui pourra faire que ces derniers le prennent mal ou que cela biaise la remontée d'informations du terrain.

Plus généralement, il crée un contexte où il devient vite difficile pour ses collaborateurs de penser et d'agir différemment de lui. Pas de place aux doutes sur soi, pourtant à dépasser pour progresser, aux observations hors des certitudes confortables des habitudes. Ses collaborateurs ne peuvent donc pas se développer en s'appuyant sur leurs ressources propres, mais en faisant un « copier/coller » des comportements de leur chef, attitude toujours simpliste. Le manager risque, par manque de recul, d'entraîner son équipe à ne pas assez se remettre en question et à ne pouvoir anticiper facilement les changements émanant de l'environnement, en raison de son manque d'humilité.

Renvoi sur les compétences comportementales

- **Observation**, principalement (p. 79 à 83).
- Vision du rôle de manager, d'écoute et de gestion des émotions.

---

1. *Cf.* auto-questionnaire en annexe n° 1, p. 119 et 121.

À retenir

Être bon techniquement n'a rien à voir avec être bon manager, car ce sont deux fonctions différentes[1]. Par ailleurs, investir sur une écoute cadrée et étayée des collaborateurs permet d'augmenter les chances de répondre au mieux aux exigences des marchés et d'aider ses équipes à s'y adapter efficacement. Cela ne constitue donc pas une perte de temps, mais un investissement rentable.

M. Duprofond ou une vocation ratée

M. Duprofond a longtemps été DRH, car il s'intéresse à l'humain. Il a d'ailleurs suivi des études de psychologie, qu'il a interrompues à son grand regret. Aujourd'hui, il codirige une structure de conseil de petite taille, mais où il utilise les outils d'entreprises plus importantes qu'il a connues auparavant. Il a ainsi rapidement proposé que l'on mette en place des entretiens annuels. Les premiers entretiens qu'il a menés avec son équipe ont été longs et très ouverts (trois quarts de journée chacun). Il explique son choix de la façon suivante :

- C'était nécessaire, à ses yeux, car c'était la mise en place, le rodage.

- il se devait, en outre, d'être exemplaire, pour donner envie aux autres managers de pratiquer ces entretiens.

- Il voulait, par ailleurs, écouter vraiment ses collaborateurs, de façon très libre et approfondie, pour qu'ils puissent « se lâcher » ou dire « tout ce qu'ils avaient sur le cœur ».

- Enfin, il invoquait le fait que, pendant l'année, il les voyait assez peu, les considérant comme totalement autonomes, et que c'était là l'occasion de « tout se dire, d'homme à homme ».

Pendant l'entretien, fidèle à son projet, il redirige systématiquement toute question posée par ses collaborateurs sur le travail ou sur leurs relations avec lui sur l'envie qu'il a, lui, de s'intéresser uniquement à eux. Il ne répondra d'ailleurs pas à leurs questions après l'entretien, malgré sa promesse, repris par la pression du quotidien.

---

1. Pour une analyse sur les différences entre les fonctions d'expert et de manager, on se rapportera avec profit à l'ouvrage d'Éric Albert et Jean-Luc Émery, *Le manager est un psy*, (*op. cit.*).

L'année suivante, il s'étonne que ses collaborateurs ne profitent pas du cadre mis à leur disposition, ainsi :

* L'un déclare d'emblée n'avoir que trois quarts d'heure.
* L'autre décommande le rendez-vous trois fois.
* Le dernier reste réservé pendant l'entretien, après s'être beaucoup livré au cours de l'entretien précédent.

Son associé n'a pas les mêmes problèmes, s'en étant tenu à une version moins approfondie de l'entretien. M. Duprofond pense toutefois qu'il a raison d'avoir procédé comme il l'a fait. Il est juste déçu et se sent incompris de ses équipes.

EN PRATIQUE

Quelles sont vos hypothèses sur la logique de M. Duprofond et sur l'efficacité du dispositif d'entretien mis en place par ce manager ?

....

....

....

....

....

Proposition d'analyses et recommandations

M. Duprofond est passionné par l'être humain et ses entretiens ont reflété cet intérêt (séquences longues et très ouvertes). Toutefois, s'il souhaite que chacun « se lâche », encore faut-il que cela soit clair pour les deux parties, que cela ait un sens et de l'intérêt pour ses collaborateurs. Or, M. Duprofond dit que le reste de l'année, il les voit peu.

De plus, pendant l'entretien, il botte en touche à chaque question d'un collaborateur, faisant ainsi passer un message implicite que cela n'est pas l'objet de l'entretien. Les collaborateurs peuvent donc légitimement se demander à quoi peut servir ce temps d'écoute s'il ne sert pas à obtenir quelques réponses importantes pour eux et s'il est déconnecté du reste du management quotidien. Cela est d'autant plus vrai si le manager ne répond pas, même après l'entretien, aux questions que les collaborateurs se posent ! On peut donc dire que M. Duprofond a manqué de **cadrage**. Le *timing* de l'entretien est trop lâche et ses buts sont trop flous, l'écoute peut trop facilement dériver vers les sujets personnels et l'entretien ne s'avère pas assez professionnel.

Le but de l'entretien annuel n'est pas de réaliser une « psychanalyse sauvage », en allant profondément dans les ressorts cachés de chacun, ni de faire plaisir au chef en lui permettant de comprendre ses collaborateurs, égoïstement.

L'entretien annuel sert à s'intéresser à ce que l'on pourrait appeler la personnalité **professionnelle** de chacun, c'est-à-dire pas uniquement à celle du collaborateur. Si les facettes de la personnalité « personnelle » et « professionnelle » ont des liens indéniables, il est préférable, en entretien annuel, pour les deux parties sur un plan méthodologique et éthique, de s'en tenir aux conduites professionnelles. L'entretien annuel sert aussi à apporter réponse aux questions légitimes des collaborateurs.

Quelles sont vos hypothèses sur les schémas de pensée de M. Duprofond ?
Quels risques prend M. Duprofond en pensant de cette manière ?
Quelles sont les erreurs de son raisonnement ?

....
....
....
....
....

Propositions de schémas de pensée de M. Duprofond et remarques sur les risques pris par ce manager

- « Ce qui est bien pour moi l'est nécessairement aussi pour les autres. »
- « Tout le monde peut (et même doit) avoir plaisir à se dévoiler à son chef, si l'occasion lui en est offerte. »
- « Un collaborateur autonome n'a plus besoin d'être managé, sauf épisodiquement. »

La relation managériale est quelque chose qui se construit dans le temps. Elle peut (voire doit) être porteuse de sens pour les collaborateurs, mais ne se décrète pas. Ainsi M. Duprofond laisse-t-il beaucoup d'autonomie à ses équipiers dans l'année et veut-il les « obliger » une fois par an à tout lui dire, lui qui est si peu présent dans l'année. Cela peut paraître, pour le moins, étonnant et peut poser question sur l'intérêt de l'exercice, voire de la méfiance de la part des collaborateurs (comme cela ne manque pas d'arriver l'année suivante !).

De plus, M. Duprofond semble considérer qu'un entretien annuel le dédouane d'un suivi régulier de ses collaborateurs, au motif qu'ils sont autonomes et ne demanderaient donc plus à être managés. Il semble avoir oublié ses cours de psychologie sur la motivation fondamentale qu'a l'être humain d'être reconnu et de s'accomplir dans son travail[1], éléments qui passent, entre autres, par la confrontation à ses semblables.

Enfin, il ne se remet pas en question au vu des indicateurs de la deuxième année, qui font penser à un désinvestissement de ses collaborateurs, et il risque de se retrouver relégué, voire désavoué par eux à terme. Il est donc dommage qu'il ne donne pas à cet entretien annuel une véritable valeur ajoutée managériale et ne se questionne pas sur sa part de responsabilité dans l'inefficacité du processus.

Renvoi sur les compétences comportementales

* Dire les choses et cadrer l'entretien annuel, principalement (p. 84 à 91).
* Ainsi que compétences de vision du rôle de manager et d'accompagnement.

À retenir

L'entretien annuel n'a pas pour vocation de découvrir les tréfonds de l'âme de ses collaborateurs, ni de satisfaire l'unique curiosité du manager, mais de permettre un cadrage professionnel de l'année écoulée et de la période à venir. S'il représente une occasion particulière d'échanges sur la relation managériale, il ne peut faire l'économie d'un partage réel entre les deux parties. Un manager ne peut se contenter de donner la parole à son collaborateur en se dérobant à la confrontation, ainsi qu'à l'apport de réponses aux salariés, sous peine de faire perdre toute substance à l'exercice et même de risquer à terme une perte de son propre crédit.

---

1. Abraham Maslow, *Être humain* (chapitre 23 sur la métamotivation), (*op. cit.*).

M. Dubalaid ou le nettoyage par le vide

M. Dubalaid gère un établissement de produits industriels, qui vient d'être racheté par un groupe étranger. Il lui est proposé de bénéficier des formations groupe, dont ce mois-ci celle sur l'entretien annuel, en prévision des entretiens à venir en début d'année. Il fait face à un grand chantier de modification de son organisation vers une polyvalence des agents de production, ainsi qu'à des difficultés de recrutement à la production. Il est secondé dans son travail par quatre agents de maîtrise, qui ne veulent pas faire seuls les entretiens annuels, qui sont pourtant dans leurs attributions. Il sort de cette formation peu convaincu et continue à pratiquer des entretiens très courts avec ses ETAM et leurs collaborateurs. Il dit de cette pratique : « Ça permet d'enfoncer le clou, de faire passer les messages qu'en temps normal les gars n'écoutent que d'une oreille, pressés de retourner sur leur poste. Je crois aux bonnes vieilles méthodes : dire et redire, expliquer et réexpliquer. Mais, quand j'ai à faire à des tire-au-flanc, de fortes têtes ou des gars qui ne veulent pas se remettre en question, alors là, je bous, et je m'énerve. Heureusement que l'on fait les entretiens à deux, mes chefs d'atelier prennent alors le relais et temporisent. »

EN PRATIQUE

Quelles sont vos hypothèses sur la logique de M. Dubalaid et sur l'efficacité de son dispositif ?

....

....

....

....

....

....

Proposition d'analyses et recommandations

M. Dubalaid a des idées arrêtées sur beaucoup de sujets. Il manage à la conviction. Son management est directif. Et, même si ce type de fonctionnement peut se justifier dans l'environnement des chaînes de production, il n'est pas efficace tout le temps :

- cela décourage la prise d'initiatives et d'autonomie, (par exemple, ici, des ETAM qui ne veulent pas gérer les entretiens annuels seuls, de peur de dire ou de faire une boulette) ;

- cela peut empêcher la participation des agents sur des thèmes où ils auraient pu être contributifs (remontée de problème d'usinage, amélioration de procédés de fabrication, etc.).

Il laisse peu parler en entretien et ne fait de la place à ses chefs d'atelier que lorsqu'il est trop énervé pour gérer les choses en direct. Cela n'aide pas ces derniers à prendre leur autonomie pour gérer ce moment de management eux-mêmes. Et cela ne donne pas une image de maîtrise professionnelle des équipes de management. Il est possible qu'il ait un mode de pensée de type « hyper-contrôle » et délègue peu.[1]

Quelles sont vos hypothèses sur les schémas de pensée de M. Dubalaid ?
Quels risques prend M. Dubalaid en pensant de cette manière ?
Quelles sont les erreurs de son raisonnement ?

....
....
....
....
....
....

Propositions de schémas de pensée de M. Dubalaid et remarques sur les risques pris par ce manager

- « Les gens sont comme ils sont et on ne peut pas les changer (et moi non plus !). »
- « Je dois tout diriger moi-même pour montrer ce qu'il faut faire et pour que l'on me respecte. »

En entretien annuel, il est possible que M. Dubalaid ressente de la méfiance vis-à-vis de ses interlocuteurs ainsi que de l'irritation. Ces sentiments se manifestent tant envers les agents que les chefs d'atelier, qui restent du coup volontiers en retrait.

M. Dubalaid juge rapidement les gens, ce qui ne constitue pas une réelle connaissance des personnes et lui permet de faire l'économie (coûteuse) de

---

1. *Cf.* auto-questionnaire en annexe n° 1, p. 121.

154

les écouter et de les connaître vraiment. Or, celle-ci aurait pu lui être utile, dans un contexte de polyvalence à susciter. Il manque donc d'observation et d'écoute et présente en outre un défaut de participation de ses collaborateurs, gestionnaires d'équipe. Cela ne peut qu'obérer la préparation de l'avenir et entretient un climat de dépendance de ses managers vis-à-vis de lui.

Renvoi sur les compétences comportementales

- Écoute active, principalement (p. 91 à 98).
- Ainsi que compétences de vision du rôle de manager, d'observation, de gestion des émotions et d'accompagnement de ses collègues managers.

--- *À retenir* ---

Le rôle d'un manager de managers est de les aider à prendre progressivement de l'étoffe sur leur gestion autonome de situations de management : l'entretien annuel en est le plus bel exemple. S'il peut s'avérer utile de codiriger les premiers entretiens, le chef n'a pas vocation à tenir la main de ses managers trop longtemps !

M. Duvelours ou monter deux marches à la fois et tomber de haut

M. Duvelours est cadre dans un groupe français de taille moyenne. Il gère un service comptable, où sa discrétion, sa rigueur, ses qualités d'organisation et sa grande force de travail font la satisfaction du DAF et du CODIR. Il n'hésite pas à mettre la main à la patte et à donner un coup de main, pour les clôtures ou au moment des audits. Son effectif est 100 % féminin, et cela n'est pas toujours simple à gérer, il le reconnaît (chamailleries, pics émotionnels incompréhensibles pour lui parfois, querelles qui couvent longtemps et éclatent brusquement, etc.). Mais il a choisi de prendre sur lui, car le travail est fait en général. Du coup, il fait des entretiens annuels très techniques et très courts. C'est vrai que certains arrêts maladie le mettent vraiment dans l'embarras, mais il a appris à les compenser, tant bien que mal, même si les présentes râlent au motif que « c'est toujours les mêmes qui se dévouent ». Il saute sur l'occasion offerte d'une formation à l'entretien annuel, car l'exercice ne lui a jamais paru facile, la relation n'étant pas son point fort. Il est un peu intrigué, car il se dit que « bof, je n'ai rien de particulier à dire à mes équipes, le travail se passe bien », mais il se montre prêt à apprendre. Il en ressort très intéressé. En effet, il pense que les techniques évoquées là pourront peut-être l'aider à aborder le problème récurrent de Mme Dussecret. En effet, celle-ci est volontiers taciturne, voire a des sautes d'humeur imprévisibles, et il a déjà observé que cela avait un impact négatif sur l'ambiance dans le service. Mal à l'aise pour l'aborder avant, sauf de façon allusive et discrète, méthode restée sans succès à ce jour, il compte bien utiliser la formation pour changer sa façon de faire, finalement. Lors de l'entretien, où il lui propose d'emblée de l'écouter, il est extrêmement gêné, car, après avoir laissé le temps de silence se prolonger, comme le formateur l'avait recommandé pour optimiser l'écoute, Mme Dussecret se tait puis fond en larmes. M. Duvelours se confond alors en excuses, en bredouillant, et arrête immédiatement l'entretien. Il décide aussitôt d'abandonner les suggestions reçues en formation, en pensant que « si c'est pour avoir encore plus de problèmes qu'avant, ce n'est pas la peine ».

Quelles sont vos hypothèses sur la logique de M. Duvelours et sur l'efficacité de son dispositif d'entretien annuel ?

....
....
....
....
....
....

Proposition d'analyses et recommandations

M. Duvelours a choisi son métier pour l'expertise et la technicité. Il est d'accord pour gérer l'activité d'un service, mais pas à l'aise pour s'occuper des relations humaines, car elles ne sont pas aisément maîtrisables, en raison de leur teneur émotionnelle. Il est un « manager expert » respecté, mais laisse, par ailleurs, s'instaurer un climat où les relations entre les membres de l'équipe sont peu cadrées, car il ne juge pas cela essentiel pour le travail, ou il s'y ajuste, de façon conservatrice, sans poser de règles du jeu à son équipe sur ce sujet.

156

M. Duvelours n'a pas encore beaucoup développé ses compétences de communication. Il est préférable qu'il ajoute cette corde à son arc peu à peu. Il est dommage qu'il se décourage après une première tentative infructueuse et jette la méthode reçue en formation avec l'eau du bain de sa déconvenue ! En effet, il commet l'erreur de vouloir monter deux marches à la fois, alors qu'il entame quelque chose de nouveau, en choisissant pour tester cette nouvelle façon de faire une situation à enjeu pour lui. Il se trouve dans une situation émotionnelle de pression d'enjeu de réussite fort. En effet, Mme Dussecret lui pose des soucis de management (état émotionnel variable, ruptures de communication avec les collègues, etc.). Comme elle est peu expansive, il a l'idée d'utiliser la technique de laisser du silence entre lui et elle, pensant qu'il vivrait mieux ces moments d'inquiétude où elle se tait. Mais il n'explique pas cette nouvelle façon de procéder et désarçonne beaucoup sa collaboratrice. Ensuite, il panique devant l'émotion de celle-ci et abandonne à tort ses efforts, Paris ne s'étant pas fait en un jour[1].

EN PRATIQUE

Quelles sont vos hypothèses sur les schémas de pensée de M. Duvelours ?

Quels risques prend M. Duvelours en pensant de cette manière ?

Quelles sont les erreurs de son raisonnement ?

....

....

....

....

....

....

....

---

1. Nous ne disons pas ici qu'il est facile de voir pleurer un collaborateur, mais nous invitons tout manager à prendre du recul face à cette situation possible, quand les deux personnes sont engagées avec toutes leurs émotions en entretien. Comment le vit-il ? Décode-t-il la situation en termes de « je lui ai fait du mal, il faut que j'arrête de suite » ? Ou arrive-t-il à garder son calme, en expliquant à l'interlocuteur qu'il n'avait pas l'intention de produire cet effet-là ? Et réussit-il à garder en tête, malgré ce moment émotionnel, la pertinence de ce dont il était question et sur lequel il faudra bien revenir… ?

Propositions de schémas de pensée de M. Duvelours et remarques sur les risques pris par ce manager

- « Les émotions, c'est dangereux, ça n'est pas mon truc, et mon travail n'est pas d'y toucher. »
- « Les relations entre les gens sont ce qu'elles sont, je n'ai pas vocation à les changer, mais à m'y adapter. »
- « Quelque chose doit fonctionner immédiatement, sinon, ce n'est pas valable. »

M. Duvelours craint de manipuler les émotions, comme si c'était de la dynamite. S'il accepte l'idée d'être compétent en technique comptable, il n'a pas fait le parallèle avec le fait d'être compétent en technique managériale, soit dans la gestion de relations, ce qui engage forcément à se confronter à la question des émotions. En pensant que les émotions sont à éviter, il laisse le climat se dégrader, car il n'a pas instauré et fait respecter des règles du jeu pour les relations au sein de son service.

De plus, comme souvent quand on se trouve bloqué dans une situation, on attend « la réponse miraculeuse qui va tout changer sans que l'on ait à faire d'effort » et M. Duvelours n'échappe pas à la règle (tendance au perfectionnisme[1]). Pour régler son problème de relation avec une collaboratrice, il passe du rien au tout : ne rien dire sur leur relation à laisser un espace très ouvert de silence et d'expression pour la personne, sans expliquer ce changement, ce qui déroute l'autre.

Il est donc toujours préférable, quand on veut faire différemment en management, d'être explicite ou de l'amener en douceur. Il est toujours utile aussi de se poser la question de la pertinence de chaque conseil reçu en formation au management, en fonction de son style propre, de ses collaborateurs et du contexte actuel.

---

1. *Cf.* auto-questionnaire en annexe n° 1, p. 120.

Renvoi sur les compétences comportementales

- **Gestion des émotions** principalement (p. 99 à 106).
- Ainsi que compétences de vision du rôle de manager et de cadrage de l'entretien annuel et de priorisation.

À retenir

Une recommandation de méthode en management doit toujours être contextualisée, en fonction du style du manager et des caractéristiques de la situation à laquelle il fait face. Par ailleurs, un manager n'est pas là pour gérer que l'activité de ses collaborateurs, mais doit aussi s'occuper des relations interpersonnelles, au risque d'un impact négatif tôt ou tard sur la performance du service. Enfin, quand on cherche à développer de nouvelles manières de faire, il faut se donner un plan d'action progressif, sinon, au premier raté, on fait machine arrière et l'on justifie son immobilisme avec l'argument que tout n'a pas changé magiquement et sans effort d'un seul coup !

Mlle Duflou ou se retrouver dans les choux

Mlle Duflou se voit confier la direction du service logistique, dans une nouvelle organisation qui regroupe deux services dont le sien. Proche de la retraite, toujours habituée à diriger dans le service expéditions/livraisons, elle a la poigne nécessaire pour se faire respecter de ses collègues et fonctionner dans un environnement extrêmement réactif et totalement masculin. C'est d'ailleurs pour cela que l'on a pensé à elle pour réorganiser et reprendre la tête de la direction logistique. Elle n'a pas voulu faire une réunion formelle à son arrivée. En effet, elle connaît tout le monde. Elle est juste allée serrer la main de chacun, arguant que « sa proximité et sa capacité à résoudre les pépins parleraient plus pour elle » que de longs discours. Prenant à cœur le défi de son nouveau poste, elle entend bien que chacun soit exemplaire dans ses façons d'agir. D'ailleurs, les deux anciennes équipes ont du boulot sur ce plan, qu'elle a déjà engagé avec un succès mitigé avec la nouvelle équipe. En effet, au moment des entretiens annuels, elle fait un certain nombre de remarques mûrement réfléchies sur le comportement de ses chefs d'équipes. Elle évoque ainsi le manque de relations de qualité avec les clients en interne chez certains collaborateurs, le besoin de développer leurs initiatives chez d'autres ou le respect des procédures de qualité chez d'autres encore. Elle appuie ses analyses sur des observations précises. Elle explique quels résultats elle en attend pour dans six mois, puisque l'entreprise pratique des entretiens semi-annuels. À la mi-année, elle se heurte alors à des réactions diverses :

- coups de gueule des uns, avec des phrases comme « elle a qu'à nous laisser faire notre boulot » qu'elle a apprises par des voies détournées ;
- incompréhension des autres qui se demandent « pourquoi elle nous dit des choses sur nos relations, l'important est que les expéditions soient faites » ;
- défense d'autres encore au motif qu'« on a toujours fait comme ça ».

Mlle Duflou est ébranlée, car c'est la première fois qu'elle est contestée ainsi et elle ne le comprend pas. Elle se demande où elle a bien pu commettre des erreurs, alors qu'elle a pratiqué avec sa nouvelle équipe exactement comme avec l'ancienne et qu'elle est très disponible pour les aider sur le terrain.

Quelles sont vos hypothèses sur la logique de Mlle Duflou et sur l'efficacité de son dispositif d'entretien annuel ?

....

....

....

....

....

....

....

....

Proposition d'analyses et recommandations

Mlle Duflou prend ses fonctions suite à une réorganisation. Elle choisit de s'impliquer immédiatement dans la conduite quotidienne du service, indispensable à la bonne marche de l'entité, ce qui est indéniable. Toutefois, elle met le management au deuxième plan. En effet, elle ne fait pas de réunion formelle explicitant le sens de la réorganisation, pensant que l'action doit prévaloir sur les discours. De plus, elle ne communique pas

160

sur le pourquoi elle ne fait pas de réunion inaugurale. Enfin, elle veut que plusieurs personnes changent de comportements. Ça fait beaucoup de choses nouvelles à intégrer sans dire les choses explicitement !

Ainsi, elle néglige le fait que les nouveaux collaborateurs ne connaissent pas ses méthodes de travail et ses attentes spécifiques, mais seulement sa réputation. Croyant bien faire sans cette réunion introductive, elle peut en fait leur transmettre le message qu'elle prend peu cas d'eux. Certes, sa méthode pour procéder aux entretiens annuels est construite avec des observations précises qui étayent ses *feed-backs* comportementaux. Mais changer des comportements ne se décrète pas, car c'est difficile pour tout le monde, et elle pense qu'il suffit d'être disponible sur le terrain pour qu'on l'interpelle si quelque chose ne va pas.

Or, sur des chantiers de changement de comportement, il ne suffit pas de dire « ma porte est ouverte » pour que l'on ose la pousser ! L'engagement proche du manager est ici indispensable pour aider à transformer les efforts en succès et faire réfléchir sur le caractère indispensable de l'atteinte des objectifs en question.

En outre, pour une prise de poste dans le cadre d'un changement de fonctionnement organisationnel, il est toujours préférable que le manager donne du sens au nouveau cadre de travail et qu'il explique les nouvelles règles du jeu en vigueur clairement, afin que l'intégration de ces nouvelles règles en soit mieux comprise et facilitée (d'autant qu'ici, le manager fixait des objectifs de changement de comportements pour la première fois : ce qui faisait beaucoup de nouveautés à digérer d'un coup pour les équipes).

EN PRATIQUE

Quelles sont vos hypothèses sur les schémas de pensée de Mlle Duflou ?

Quels risques prend Mlle Duflou à penser de cette manière ?

Quelles sont les erreurs de son raisonnement ?

....
....
....
....
....
....
....
....
....

Propositions de schémas de pensée de Mlle Duflou et remarques sur les risques pris par ce manager

- « Mes actes sur le terrain vont suffire à m'intégrer et à poser ma légitimité de responsable de l'équipe. »
- « Dans des contextes délicats comme les réorganisations, il ne faut pas discuter cent sept ans, mais rétablir vite l'activité quotidienne, cela suffit à rassurer les gens et à établir de bonnes relations. »
- « Tant que mes analyses sont fondées sur des faits, elles doivent suffire à emporter l'adhésion de mes collaborateurs, et ils doivent mettre en œuvre ce que je demande. »

Si Mlle Duflou peut avoir raison de penser que la directivité est *la* technique appropriée le plus souvent pour gérer des impératifs de production cadencée, quand elle demande des changements de fonctionnement aux personnes elle a tort de croire qu'il suffit de le dire pour que ce soit exécuté. En effet, changer de comportement est difficile pour tous ! Elle a intérêt, tout en restant ferme sur l'objectif, à adopter des techniques de communication plus souples, sinon, elle risque les blocages relationnels, l'absence de résultat sur le changement attendu, voire un désinvestissement relationnel, comme ça s'est produit avec ses « nouveaux » collaborateurs.

Par ailleurs, elle a opté pour un évitement de l'émotion liée au contexte et a cru qu'en n'étant pas formelle au début, elle se donnerait de meilleures chances. C'était oublier que quoi qu'un manager fasse, ses actes sont observés et prêts à interprétation. Sans réunion, les collaborateurs ont interprété ses actes ; avec, ils l'auraient fait aussi, et peut-être pas dans le sens qu'elle craignait. Le manager a donc tout intérêt à assumer la clarté et la cohérence du cadre qu'il amène avec lui et à l'expliquer au début. Il aura de toute façon à répéter ce type d'explication pour que ce cadre soit bien intégré par tous et pour que les règles du jeu collectif soient respectées et plus facilement sanctionnées, s'il y a hors jeu.

On peut suggérer à Mlle Duflou de ne pas s'étonner des réactions fortes reçues, sûrement liées aussi au fait qu'aucune émotion n'a pu filtrer auparavant sur la « ré-org. ». Finalement, ces réactions un peu vives peuvent être vues comme le signe qu'elle entre enfin dans le vrai management de sa nouvelle équipe et que c'est à sa façon de gérer ces confrontations toniques qu'elle assurera sa place auprès de tous.

Renvoi sur les compétences comportementales

- Accompagnement des collaborateurs, principalement (p. 106 à 112).
- Ainsi que compétences de vision du rôle de manager et de gestion des émotions.

À retenir

Annoncer clairement le sens de nouvelles organisations et préciser les règles du jeu que l'on va appliquer à l'arrivée dans un service aide à cadrer le « jeu » dans le sens du collectif. Ces règles comprennent les règles de fonctionnement collectif, les droits et devoirs de chacun (manager y compris), des éléments d'information sur le style du manager, etc.

De plus, pour faire changer quelqu'un de comportement, il ne suffit pas de lui expliquer précisément sur quoi notre demande est fondée, mais il faut qu'il en comprenne le sens, l'intérêt et les conséquences s'il ne le fait pas. Cela nécessite que le manager accepte de se confronter à un minimum d'émotions.

Enfin, si le manager ne suit pas son collaborateur et ne le relance pas régulièrement, changer des façons de faire ancrées depuis longtemps amène au non-changement et risque en outre de dégrader les relations professionnelles.

Acquérir de nouvelles compétences ne se fait pas aisément seul : ceci est vrai aussi pour vous, cher lecteur !

Fiche technique 1
Auto-questionnaire pour les personnes ne réalisant pas d'entretiens annuels et désirant en mettre en place

Si vous êtes animé par la question « j'ai envie de mettre en place un système d'entretien annuel dans mon service ou mon entreprise », à quoi devez-vous être attentif globalement ?

- Posez-vous des questions sur le contexte de l'entreprise :
  - A-t-elle la culture de l'évaluation (l'idée étant que l'on ne peut rien faire faire aux équipes sans évaluer les résultats avec objectivité sur des critères préalables) ?
  - A-t-elle la culture du management (l'idée étant que les services attendus d'un manager sont autre chose que ceux attendus d'un expert) ?
  - Si votre entreprise possède ces deux cultures, il est plus facile d'imaginer y proposer la mise en place d'entretiens annuels.
  - Quels sont les freins et les éléments positifs que vous identifiez par rapport à votre projet de mise en place ?
  - Quels seront vos alliés et vos adversaires dans ce projet ?

- Posez-vous des questions sur le contexte du personnel :
  - Caractéristiques des collaborateurs en termes de représentations bloquantes et positives de l'entretien annuel, de compétences à développer, de comportements à travailler ?
  - Habitudes de fonctionnement (privilégie-t-on le collectif ou l'individuel pour manager ? A-t-on défini des règles de fonctionnement collectif, etc.) ?

- Si vous êtes vous-même concerné, posez-vous des questions sur votre **style de manager** :
  - Quelles sont vos envies et vos représentations bloquantes vis-à-vis de ce projet de mise en place de l'entretien annuel ?
  - Quelles sont vos expériences de l'entretien annuel dans les deux positions (manager et managé) et quelles conséquences cela a-t-il sur vos visions de l'entretien annuel ?
  - Quel est votre style de management ?

- Si vous êtes DRH :
  - Quelles sont les représentations bloquantes et facilitantes dans l'entreprise sur l'entretien annuel ?
  - Quelles sont les expériences passées d'entretien annuel et quels souvenirs positifs et négatifs ont-elles laissés ?
  - Quel est le style managérial privilégié dans les discours ? Dans les faits ? Comment le rendre compatible avec la tenue de l'entretien annuel ?

- Sur quels éléments positifs concernant le personnel et vous-même pouvez-vous vous appuyer pour limiter le jeu des forces contraires à l'entretien annuel ?

Synthèse sous forme de **rapport coûts/bénéfices** à développer une procédure d'entretien annuel et définition d'un plan d'action opérationnel (prévoir un axe de travail particulier pour obtenir l'adhésion de vos alliés et contrer ou neutraliser les forces adverses).

166

Fiche technique 2

Auto-questionnaire pour les personnes réalisant déjà des entretiens annuels et désirant améliorer leur pratique

Si vous êtes animé par la question « J'ai envie d'optimiser les entretiens annuels que je fais déjà », à quoi devez-vous être attentif concrètement ?

- Les caractéristiques de votre entreprise et de votre équipe (forces motrices et inhibitrices ? alliés et opposants ?).
- Le cadre de travail que vous avez posé (est-il assez clair et explicite ?).
- Votre style de management et votre exemplarité.
- Vos modes de pensée (faites le bilan situé en annexe n° 1, p. 117 à 122).
- Votre vision pour votre service et votre vision de l'entretien annuel (vous pouvez vous inspirer de l'annexe n°2, p. 123 à 131).
- Votre façon actuelle de pratiquer l'entretien annuel (faites le bilan comportemental situé en annexe n° 3, p. 133 à 138).

Synthèse. Quels sont les comportements que vous choisissez de travailler pour améliorer votre pratique ? Reportez vos résultats de plan d'action détaillé en fiche 7.

Fiche technique 3
La chronologie du processus de l'entretien annuel

L'avant de l'entretien

- Les règles du jeu préliminaires :
  - attendus du manager ;
  - vision pour l'entité ;
  - règles du jeu relationnel (droits et devoirs de chacun, collaborateurs et managers).
- L'observation et le suivi pendant l'année.
- La préparation de l'entretien pour les deux parties.

Le déroulement de l'entretien

- L'introduction, le cadrage.
- L'écoute approfondie du collaborateur.
- La transmission du bilan du manager.
- Les échanges ensemble (les plus fouillés possible et dans une véritable confrontation constructive).
- La synthèse des axes de travail pour l'année prochaine et la fixation du premier rendez-vous de débriefing du plan d'action à mettre en œuvre.
- Formalisme : synthèse et signature du support de l'entretien.

Le suivi de l'entretien

- Le débriefing des plans d'action du collaborateur.
- Le suivi rapide et les réajustements du plan d'action (objectifs, moyens).
- Le suivi à distance et les points d'étape.

Fiche technique 4
Le référentiel du manager pratiquant l'entretien annuel

Un manager qui pratique les entretiens annuels a besoin de se référer aux supports suivants et, s'ils n'existent pas, de les créer :

- La fiche de fonction de chaque collaborateur (ou, au minimum, le contrat de travail qui précise les missions du poste).
- Un référentiel de compétences interne, tant pour les fonctions techniques que managériales.
- Le support préformaté pour la synthèse des éléments clés de l'entretien, assorti du guide d'entretien (ou, au minimum, la conservation d'une trace écrite visée des deux parties).
- Le cas échéant, la charte des valeurs de l'entreprise et, éventuellement, le code de conduite interne du service (avec les comportements valorisés et ceux qui sont hors jeu).

Suggestions de rubriques pour un support préformaté servant à collecter les éléments clés de l'entretien annuel :

- Rappel des objectifs quantitatifs et comportementaux (bilan de l'année écoulée).[1]
- Atteinte des objectifs quantitatifs et comportementaux.
- Objectifs de la période à venir quantitatifs et comportementaux.
- Formation, souhaits d'évolution.
- Commentaires des deux parties.

---

1. Bilan comportemental : rubrique moins fréquente que les autres citées dans les outils qui existent à ce jour, mais qui sera de plus en plus demandée.

Check-list de préparation avant l'entretien annuel

Avant d'entamer un entretien annuel, il peut être utile de se poser les questions qui suivent, afin d'optimiser l'efficacité de ce moment privilégié.

Questions préliminaires générales sur l'entretien annuel

- Qu'est-ce que je ressens globalement à l'idée de réaliser ces entretiens ? Qu'est-ce que je me dis ? Ai-je raison de penser ainsi, etc. (questions de « challenge » de mes représentations) ?
- Pour chaque collaborateur :
  - Qu'est-ce que je ressens à l'idée de réaliser cet entretien **avec cette personne-ci** ?
  - Que peut-elle ressentir, elle, de son côté, à l'idée de cet entretien ?
  - **Concernant cette personne-ci**, notre relation professionnelle est-elle suffisamment bonne pour que l'entretien soit efficace ou devons-nous prévoir d'échanger tout d'abord sur la qualité de la relation que nous avons ensemble, afin de l'améliorer en préalable de la tenue de l'entretien annuel (« purge relationnelle » préliminaire) ?
- En fonction de ce qui précède, comment est-ce que **je planifie** mes entretiens ?
- Parmi mes collaborateurs, qui vais-je choisir de rencontrer en premier, en deuxième, etc. ?
- Comment est-ce que j'alterne les éventuels entretiens de « purge » et les entretiens annuels classiques ?

- Quelle est la durée optimale des entretiens, tant pour moi que pour mes collaborateurs ?
- Quelle marge de temps est-ce que je décide d'ajouter à la fin de chaque entretien, pour intégrer la part d'imprévisibilité attachée à un tel exercice ?

Check-list de préparation mentale avant l'entretien annuel

- La préparation du **contenu** de l'entretien pour les deux parties :
  - Vérifiez assez tôt avant l'entretien que vous avez vos notes prises au cours de l'année, que vous les avez synthétisées et que vous avez ressorti deux à trois axes positifs et deux à trois axes de travail (pas plus, au risque, sinon, que « qui trop embrasse, mal étreint »).
  - Vérifiez assez tôt avant l'entretien que votre collaborateur pense lui aussi, de son côté, à se préparer pour l'entretien, le relancer pour vous en assurer.
- La préparation matérielle et psychologique de l'entretien juste avant :
  - Le moment planifié pour l'entretien me permet-il d'envisager sa tenue dans de bonnes conditions de disponibilité mentale (sinon, n'hésitez pas à le reprogrammer plutôt que de mal écouter…) ?
  - Vous pouvez prendre un temps de **relaxation minute** juste avant l'entretien avec quelques respirations complètes les yeux fermés, si vous avez le trac ou juste pour vous mettre dans une disposition d'esprit tranquille, propice à l'écoute (si votre synthèse est prête suffisamment avant, cela vous aidera à avoir l'esprit clair et à vous concentrer avant l'entretien sur la façon qualitative dont vous allez gérer la relation).
  - Vous pouvez aussi **visualiser** les yeux fermés une scène intérieure positive, quelle qu'elle soit, ou un bon souvenir d'entretien annuel passé, pour vous mettre ici encore dans de bonnes dispositions émotionnelles.
  - Assurez-vous, d'ailleurs, à l'arrivée de votre collaborateur qu'il est lui aussi dans de bonnes conditions pour l'échange et que vous pouvez commencer…

Fiche technique 6
Check-list de débriefing après l'entretien annuel

Afin de progresser dans votre façon de gérer vos entretiens annuels, vous pouvez vous auto-évaluer, **de préférence immédiatement après l'entretien** ou peu de temps après :

- Ai-je préparé mon entretien de façon assez détaillée et précise ? Mon collaborateur aussi ?
- M'étais-je mis dans des dispositions émotionnelles optimales pour réaliser cet échange ? Mon collaborateur aussi ?
- Avons-nous été interrompus ? Quel impact cela a-t-il eu sur la qualité de l'échange ? Comment aurais-je pu l'éviter ?

Dans la phase introductive

Ai-je été assez clair dans le cadrage de l'entretien (ses buts, la façon dont il allait se dérouler et par quoi il serait suivi) ?

Dans la phase d'écoute du collaborateur

- Comment ai-je mis à l'aise mon collaborateur ? Cela a-t-il été efficace ?
- Ai-je questionné en veillant à approfondir les réponses ?
- Ai-je reformulé de façon assez claire ce que je comprenais, quand je voulais m'assurer de ma compréhension ?
- Ai-je reformulé de façon assez exagérée pour challenger les représentations de mon interlocuteur et lui donner envie de tester de nouvelles manières de faire, quand nous échangions sur ses comportements à améliorer ?
- Comment ai-je recadré mon interlocuteur, quand c'était nécessaire ? Cela a-t-il été efficace ?

- Quand vous répondez à toutes ces questions, si vous êtes insatisfait de vos performances, quelles sont les émotions et représentations qui ont pu jouer chez vous et vous gêner ? Vos pensées étaient-elles ajustées à la situation ? Que pourriez-vous penser de plus adéquat à l'avenir ?

Dans la phase d'expression du bilan du manager

- Ai-je suffisamment listé de manières de faire et assez précisément pour argumenter mes *feed-backs* comportementaux ?
- Ai-je suffisamment exploré les émotions et représentations de mon collaborateur, pour expliquer ses comportements à améliorer ?
- L'ai-je assez challengé dans ses représentations avec des reformulations exagérées ?
- Lui ai-je suffisamment fait réaliser par lui-même l'intérêt de changer ce qu'il y a à modifier ?
- Ai-je bien recadré mon interlocuteur, quand c'était nécessaire (notamment, quand il a abordé des justifications, des mises en cause d'autrui, ou a dérivé sur des sujets ne me semblant pas centraux pour l'entretien annuel) ?
- Quand vous répondez à toutes ces questions, si vous êtes insatisfait de vos performances, quelles sont les émotions et représentations qui ont pu jouer chez vous et vous gêner ? Que pourriez-vous penser de plus adéquat à l'avenir ?

Globalement, la relation manager/managé

- Ai-je été dans une relation positive avec lui ?
- Ai-je verbalisé les éventuelles émotions positives ou négatives que je ressentais ?
- Si non, qu'est-ce qui m'en a empêché ?
- Ai-je l'impression que mon collaborateur a apprécié l'échange ? Le lui ai-je demandé ?
- Lui ai-je manifesté ma propre satisfaction ?
- Quand vous répondez à toutes ces questions, si vous êtes insatisfait de vos performances, quelles sont les émotions et représentations qui ont pu jouer chez vous et vous gêner ? Que pourriez-vous penser à l'avenir de plus approprié à la situation ?

Quelles actions concrètes tirez-vous de l'ensemble de ces constats pour les entretiens suivants ? Mettez-les en regard de votre plan d'action en fiche 7.

176

Votre plan d'action pour améliorer votre pratique de l'entretien annuel

Recommandations de mise en œuvre

- Commencez par une action facile à mettre en œuvre, puis augmentez progressivement la difficulté, afin de monter les marches pas à pas et de ne pas vous décourager en cas de difficulté.
- Félicitez-vous des résultats atteints, afin de vous donner de l'énergie pour affronter la suite du chemin à parcourir.
- Enfin, tirez des enseignements des erreurs commises, en réfléchissant sur vos représentations bloquantes et challengez-les seul ou avec de l'aide.
- Entraînez-vous en permanence à changer vos comportements (comme en sport, la souplesse et le souffle viennent en pratiquant).

Bon courage.

Demain au quotidien, mon plan d'action est :

COMPÉTENCES CLÉS À TRAVAILLER	CE QUE JE FAIS EN DÉTAIL (COMMENT ? AVEC QUI ? QUAND ? SELON QUEL ÉCHÉANCIER ?)	MES CRITÈRES D'ÉVALUATION (COMMENT SAURAI-JE QUE J'AI ATTEINT MON OBJECTIF SUR CE POINT ?)

Bibliographie

ALBERT, Éric, *Le manager durable*, Éditions d'Organisation, 2004.

ALBERT, Éric, *Managers, faites-en moins !* Éditions d'Organisation, 2007.

ALBERT, Éric, et ÉMERY, Jean-Luc, *Le manager est un psy*, Éditions d'Organisation, 1998.

ALBERT, Éric, et ÉMERY, Jean-Luc, *Au lieu de motiver, mettez-vous donc à coacher !* Éditions d'Organisation, 1999.

DESAUNAY, Guy, *Comment gérer intelligemment ses subordonnées*, Dunod, 1985.

FANGET, Frédéric, *Toujours mieux ! Psychologie du perfectionnisme*, Odile Jacob, 2006.

GAULEJAC, Vincent (de), PAGÈS, Max, BONETTI, Michel, et DESCENDRE, Daniel, *L'emprise de l'organisation*, PUF, 1979.

GOLEMAN, Daniel, *L'intelligence émotionnelle. Accepter ses émotions pour développer une intelligence nouvelle*, J'ai lu, 1998.

HUGO, Victor, « Post-scriptum de ma vie », in *Tas de pierre*, I, Librairie Paul Ollendorff.

KETS DE VRIES, Manfred, *Combat contre l'irrationalité des managers*, Éditions d'Organisation, 2002.

LEVY-LEBOYER, Claude, *Évaluation du personnel : quelles méthodes choisir ?* Éditions d'Organisation, 1990.

MASLOW, Abraham, *Être humain*, Eyrolles, 2006.

PIVETEAU, Jacques, *L'entretien d'appréciation du personnel*, Insep Éditions, 1985.

SAUNDER, Laurence, *L'énergie des émotions*, Éditions d'Organisation, 2007.

Index

Composé par **STYLE INFORMATIQUE**
Achevé d'imprimer : EMD S.A.S.
N° d'éditeur : 3685
N° d'imprimeur : 19769
Dépôt légal : août 2008
Imprimé en France

Cet ouvrage est imprimé - pour l'intérieur - sur papier Tauro 90 g des papeteries M.REAL,
dont les usines ont obtenu la certification environnementale ISO 14001 et opèrent conformément aux normes ECF et EMAS